HET ESSENTIËLE HANDBOEK VOOR FOTOGRAFEN
40 TIPS EN ETIQUETTE VOOR BEGINNERS

Copyright melding

Alle rechten voorbehouden. Geen enkel deel van dit boek mag worden gereproduceerd, gedistribueerd of verzonden in welke vorm of op welke manier dan ook, inclusief fotokopiëren, opnemen of enige andere elektronische of mechanische methode, zonder voorafgaande schriftelijke toestemming van de uitgever, behalve zoals toegestaan door de auteursrechtwetgeving.

Inhoudsopgave

Inleiding tot fotografie-etiquette: met respect navigeren door de wereld van fotografie 1
Uw camera begrijpen: basisprincipes en functies 3
Het kiezen van de juiste camera-uitrusting 5
Handmatige modus beheersen: diafragma, sluitertijd, ISO en meer 7
Compositietechnieken: regel van derden, leidende lijnen, kadrering 9
Verlichtingsbenodigdheden: natuurlijk versus kunstlicht 11
Belichting begrijpen: licht en schaduw in evenwicht brengen 13
Beweging vastleggen: tips voor actiefotografie 15
Portretfotografie: poseren en communicatie 17
Landschapsfotografie: het vinden van de perfecte foto 19
Macrofotografie: de details verkennen 21
Straatfotografie: ethisch navigeren door openbare ruimtes 23
Evenementfotografie: momenten met gratie vastleggen 25
Architectuurfotografie: ontwerp en detail benadrukken 27
Reisfotografie: uw avonturen documenteren 29
Natuurfotografie: respectvolle observatie en veiligheid 31
Basisprincipes van bewerken: uw foto's verbeteren 33
Inleiding tot fotobewerkingssoftware 35
Kleurcorrectie en witbalans begrijpen 37
Retoucheertechnieken: portretten verbeteren 39
Creëer verbluffende zwart-witfotografie 41
Uw foto's afdrukken en weergeven 43
Uw fotografie portfolio opbouwen 45
Auteursrecht en intellectueel eigendom: uw werk beschermen ... 47
Sociale media-etiquette voor fotografen 49
Netwerken en samenwerken in de fotografie gemeenschap 51
Op zoek naar feedback en constructieve kritiek 53
Realistische doelen en mijlpalen stellen 55

Vind uw fotografiestijl en stem 57
Passie en winst in evenwicht brengen: van uw hobby een carrière maken 59
Klantcommunicatie en professionaliteit 61
Prijzen voor uw fotografie diensten 63
Marketing van jezelf als fotograaf 65
Een sterke online aanwezigheid opbouwen: website en sociale media 67
Met gratie omgaan met afwijzing en kritiek 69
Continu leren: workshops, cursussen en bronnen 71
Geïnspireerd blijven: andere kunstvormen verkennen 73
Je uitrusting onderhouden: tips voor schoonmaken en opbergen . 75
Omgaan met burn-out en creatieve blokkades 77
Vier uw vooruitgang en prestaties 79

Inleiding tot fotografie-etiquette: met respect navigeren door de wereld van fotografie

Oké, dus je hebt deze glimmende nieuwe camera. Je bent helemaal opgewonden om een aantal ongelooflijke foto's te maken, maar wacht even! Voordat je begint met klikken, laten we het hebben over iets heel belangrijks: fotografie-etiquette. Ja, het gaat niet alleen om weten hoe je met je camera moet werken; het gaat ook over hoe je jezelf gedraagt terwijl je die magische momenten vastlegt.

Laten we het eerst hebben over het respecteren van de privacy van mensen. Niet iedereen wil dat er een foto wordt gemaakt, en dat is helemaal gaaf. Vraag altijd om toestemming voordat je iemands foto maakt, vooral als deze van dichtbij en persoonlijk is. En als ze nee zeggen, respecteer dan hun wensen en zoek een ander onderwerp.

Nu naar een ander cruciaal punt: locatie, locatie, locatie! Houd er rekening mee waar u fotografeert. Op sommige plaatsen gelden mogelijk specifieke regels over fotografie, zoals in musea of privé-eigendommen. Controleer altijd of fotografie is toegestaan en volg de geldende richtlijnen. En als je buiten fotografeert, wees dan ook respectvol voor de natuur.

Oh, en over respect gesproken, laten we het over andere fotografen hebben. Het is een grote wereld daarbuiten, en de kans is groot dat je niet de enige bent die die epische zonsondergang probeert vast te leggen. Wees hoffelijk tegenover je mede-shutterbugs. Blokkeer hun schoten niet, gebruik niet de beste plek en als je per ongeluk iemands foto fotobombeert, bied dan je excuses aan en ga verder.

En last but not least: laten we praten over het bewerken en delen van uw foto's. Het is verleidelijk om gek te worden met filters en effecten, maar onthoud: minder is vaak meer. Wees eerlijk over uw bewerkingen, vooral als u ze online deelt. En hey, geef altijd de eer waar de eer toekomt.

Als je het werk van iemand anders plaatst, zorg er dan voor dat je toestemming hebt en geef hem een shoutout.

Dus daar heb je het, mensen! Fotografie-etiquette 101. Bedenk dat een goede fotograaf niet alleen om technische vaardigheden gaat; het gaat ook om een fatsoenlijk mens zijn. Dus ga eropuit, maak een aantal fantastische foto's en onthoud altijd dat je de mensen en plaatsen om je heen respecteert.

Uw camera begrijpen: basisprincipes en functies

Oké, laten we eens in de kern van je camera duiken. Natuurlijk lijkt het in eerste instantie misschien intimiderend, maar geloof me, als je het eenmaal onder de knie hebt, zul je binnen de kortste keren als een professional aan het snauwen zijn.

Laten we het eerst eens hebben over de verschillende onderdelen van uw camera. Je hebt je lichaam, je lens, je zoeker of LCD-scherm en al die knoppen en draaiknoppen. Het lijkt misschien veel om in je op te nemen, maar maak je geen zorgen, we zullen het stap voor stap opsplitsen.

Een van de belangrijkste dingen om te begrijpen is de belichtingsdriehoek: diafragma, sluitertijd en ISO. Beschouw ze als de heilige drie-eenheid van fotografie-instellingen. Het diafragma bepaalt hoeveel licht de lens binnenkomt, de sluitertijd bepaalt hoe lang de sluiter open blijft en ISO meet de gevoeligheid van de camera'sensor voor licht.

Laten we het vervolgens hebben over scherpstellen. De meeste camera's hebben autofocus, wat het werk voor u doet, maar het is altijd goed om te weten hoe u handmatig kunt scherpstellen, voor het geval dat. En over handmatig gesproken: wees niet bang om naar de handmatige modus over te schakelen en de controle over uw instellingen over te nemen. Het vergt misschien wat oefening, maar het is de moeite waard voor die perfect op maat gemaakte opnamen.

Oh, en vergeet de witbalans niet! Het klinkt misschien mooi, maar in feite zorgt het ervoor dat uw kleuren er natuurlijk uitzien onder verschillende lichtomstandigheden. De meeste camera's beschikken over een automatische witbalans, maar je kunt deze ook handmatig aanpassen voor nauwkeurigere resultaten.

En last but not least: verwaarloos de andere functies van uw camera niet, zoals scène modi, beeldstijlen en opname modi. Ze zijn er om u te helpen de best mogelijke opname te maken in verschillende situaties, dus wees niet bang om te experimenteren en te kijken wat voor u het beste werkt.

Dus daar heb je het, mensen! Het lijkt in eerste instantie misschien veel om je camera te begrijpen, maar met een beetje oefening en geduld zul je die knoppen en draaiknoppen al snel als een professional onder de knie krijgen. Dus ga je gang, ga eropuit en begin met fotograferen!

Het kiezen van de juiste camera-uitrusting

Oké, laten we het over uitrusting hebben! Als het om fotografie gaat, kan het hebben van de juiste apparatuur het verschil maken. Maar omdat er zoveel opties zijn, kan het overweldigend zijn om erachter te komen wat het beste voor u is. Maar maak je geen zorgen, ik sta achter je.

Laten we eerst eens praten over camera's. Er zijn grofweg twee hoofdtypen: DSLR's en spiegelloze camera's. DSLR's zijn klassieke, beproefde camera's met een spiegelmechanisme erin, terwijl spiegelloze camera's, nou ja, spiegelloos zijn. Beide hebben hun voor- en nadelen, dus het komt echt neer op persoonlijke voorkeur en budget.

Het volgende, lenzen. Ah, lenzen, waar moet ik zelfs beginnen? Er zijn groothoeklenzen, telelenzen, prime-lenzen, zoomlenzen... de lijst gaat maar door. Nogmaals, het komt allemaal neer op wat je gaat fotograferen en hoeveel je bereid bent te besteden. Begin met een veelzijdige lens zoals een standaard zoomlens, en van daaruit kun je je collectie uitbreiden.

En laten we de accessoires niet vergeten! Je hebt waarschijnlijk een stevig statief nodig voor opnamen met een lange sluitertijd, een goede cameratas om je spullen te beschermen, en misschien wat filters om je foto's te verbeteren. Oh, en vergeet geheugenkaarten en extra batterijen niet. Geloof me, je wilt niet midden in een shoot zonder sap komen te zitten.

Neem even de tijd om na te denken over wat u echt nodig heeft, voordat u op pad gaat en uw creditcard maximaal benut voor de nieuwste en beste uitrusting. Natuurlijk kan die mooie nieuwe camera verleidelijk zijn, maar als je net begint, is het misschien beter om iets betaalbaars te houden en later te upgraden.

En hey, wees niet bang om advies te vragen! Of het nu van collega-fotografen, online forums of uw plaatselijke camerawinkel is, er zijn genoeg mensen die u willen helpen bij het nemen van de juiste beslissing.

Dus daar heb je het, mensen! Het kiezen van de juiste camera-uitrusting lijkt misschien een hele klus, maar met een beetje onderzoek en zorgvuldige afweging ben je goed op weg om de perfecte uitrusting te bouwen voor al je fotografie-avonturen.

Handmatige modus beheersen: diafragma, sluitertijd, ISO en meer

Oké, laten we in het diepe duiken van fotografie en praten over het beheersen van de handmatige modus. Natuurlijk lijkt het in eerste instantie misschien intimiderend, maar geloof me, als je het eenmaal onder de knie hebt, vraag je je af waarom je überhaupt ooit op de automatische modus hebt vertrouwd.

Laten we het eerst hebben over het diafragma. Zie het als de toegangspoort tot het beheersen van de scherptediepte. Een groter diafragma (lager f-getal) geeft je dat dromerige, onscherpe achtergrond effect, perfect voor portretten en close-up foto's. Aan de andere kant geeft een kleiner diafragma (hoger f-getal) je een grotere scherptediepte, waardoor een groter deel van je scène scherp blijft. Speel met verschillende diafragma's om te zien hoe deze uw foto's beïnvloeden.

Laten we vervolgens de sluitertijd aanpakken. Deze gaat helemaal over het vastleggen van beweging. Een korte sluitertijd bevriest de actie, ideaal voor sport- of natuurfotografie, terwijl een lange sluitertijd bewegingsonscherpte veroorzaakt, perfect voor het vastleggen van stromend water of de strepen van autolichten 's nachts. Houd er rekening mee dat hoe langer uw sluiter open staat, hoe meer licht er op uw sensor valt. Het kan dus zijn dat u uw andere instellingen dienovereenkomstig moet aanpassen.

En tot slot, laten we het hebben over ISO. ISO meet de gevoeligheid van de sensor van uw camera voor licht. Een lagere ISO (zoals 100 of 200) is het beste voor heldere, zonnige dagen, terwijl een hogere ISO (zoals 800 of 1600) beter is voor situaties met weinig licht. Wees echter voorzichtig met die hoge ISO's, want deze kunnen ruis in uw foto's introduceren.

Nu wordt het leuk: alles in elkaar zetten. Bij het beheersen van de handmatige modus draait het allemaal om het vinden van de perfecte balans tussen diafragma, sluitertijd en ISO voor elke opname. Het vergt misschien wat oefening, maar geloof me, het is de moeite waard vanwege het niveau van controle en creativiteit dat het je geeft.

Oh, en nog één ding: vergeet de witbalans niet! Het lijkt misschien niet zo opvallend als de andere instellingen, maar een goede witbalans kan een groot verschil maken in de algehele look en feel van je foto's.

Dus daar heb je het, mensen! Bij het beheersen van de handmatige modus gaat het erom te begrijpen hoe diafragma, sluitertijd, ISO en witbalans samenwerken om de perfecte belichting te creëren. Dus ga je gang, schakel die automatische modus uit en begin met experimenteren! U zult versteld staan van wat u kunt bereiken als u eenmaal de controle over uw camera overneemt.

Compositietechnieken: regel van derden, leidende lijnen, kadrering

Oké, laten we creatief worden en praten over compositietechnieken. Compositie is als de geheime saus die van een goede foto een geweldige foto kan maken. En gelukkig voor jou zijn er enkele beproefde technieken die je kunnen helpen je composities naar een hoger niveau te tillen.

Ten eerste hebben we de regel van derden. Deze is een klassieker. Stel je voor dat je je frame in negen gelijke delen verdeelt met twee horizontale en twee verticale lijnen. De regel van derden suggereert dat het plaatsen van je onderwerp langs deze lijnen of op de punten waar ze elkaar kruisen een visueel aantrekkelijkere compositie kan creëren. Het draait allemaal om het toevoegen van balans en interesse aan uw opname.

Laten we het vervolgens hebben over leidende lijnen. Leidende lijnen zijn precies hoe ze klinken: lijnen in je foto die de blik van de kijker naar het hoofdonderwerp leiden. Deze lijnen kunnen van alles zijn, van wegen en paden tot hekken en boomtakken. Door leidende lijnen te gebruiken, kun je de blik van de kijker door je foto leiden en een gevoel van diepte en beweging creëren.

En tot slot bespreken we de framing. Bij kadreren gaat het erom elementen in uw scène te gebruiken om uw onderwerp in te kaderen en de aandacht erop te vestigen. Dit kan van alles zijn, van een natuurlijk frame zoals een boog of raam tot een door de mens gemaakt frame zoals een deur of een fotolijst. Door uw onderwerp in te kaderen, kunt u context en visuele interesse aan uw foto toevoegen en tegelijkertijd de aandacht van de kijker helpen richten.

Nu komt het leuke: het combineren van deze technieken om composities te creëren die echt knallen. Probeer uw onderwerp uit het midden te plaatsen met behulp van de regel van derden, gebruik vervolgens leidende lijnen om het oog van de kijker ernaartoe te leiden en tenslotte de hele scène in te kaderen om diepte en context toe te voegen. Experimenteer met verschillende combinaties en kijk wat het beste werkt voor jouw foto's.

Dus daar heb je het, mensen! Compositietechnieken zoals de regel van derden, leidende lijnen en kadrering zijn krachtige hulpmiddelen waarmee u uw fotografie naar een hoger niveau kunt tillen. Dus ga je gang, ga eropuit en begin met het componeren van die meesterwerken!

Verlichtingsbenodigdheden: natuurlijk versus kunstlicht

Laten we wat licht werpen op het belang van verlichting in fotografie. Of u nu portretten, landschappen of iets daartussenin fotografeert, als u begrijpt hoe u met verschillende soorten licht moet werken, kan dit een wereld van verschil maken in uw foto's.

Laten we het eerst hebben over natuurlijk licht. Ah, natuurlijk licht, de beste vriend van de fotograaf (meestal). Natuurlijk licht verwijst naar elke lichtbron die niet kunstmatig is, zoals de zon of de maan. Het is dynamisch, verandert voortdurend en kan werkelijk verbluffende effecten creëren. Let bij buitenopnamen op de kwaliteit van het licht op verschillende tijdstippen van de dag. Vroeg in de ochtend en laat in de middag, ook wel de gouden uren genoemd, kunnen een warme, zachte gloed ontstaan die perfect is voor portretten en landschappen. De middagzon daarentegen kan hard en niet flatterend zijn, waardoor diepe schaduwen ontstaan en highlights vervaagd worden. Bewolkte dagen kunnen voor zachte, gelijkmatige verlichting zorgen, ideaal voor portretten en macrofotografie. En vergeet de schemering niet, die magische tijd vlak voor zonsopgang of na zonsondergang wanneer de lucht gevuld is met rijke, kleurrijke tinten.

Laten we het nu hebben over kunstlicht. Kunstlicht verwijst naar elke lichtbron die kunstmatig is, zoals lampen, flitsers of studiolampen. In tegenstelling tot natuurlijk licht is kunstlicht consistent en regelbaar, waardoor het ideaal is voor opnamen binnenshuis of in situaties waarin u meer controle over de lichtomstandigheden nodig heeft. Studiolampen kunnen bijvoorbeeld worden aangepast om zacht, diffuus licht of hard, dramatisch licht te creëren, afhankelijk van het gewenste effect. En onderschat de kracht van een ouderwetse bureaulamp of zaklamp niet voor het creëren van interessante lichteffecten in uw foto's.

Dus wat is beter: natuurlijk licht of kunstlicht? Nou, dat hangt van de situatie af. Natuurlijk licht is mooi en veelzijdig, maar ook onvoorspelbaar en onder bepaalde omstandigheden een uitdaging om mee te werken. Kunstlicht daarentegen is consistent en controleerbaar, maar kan ook tijdrovender zijn en extra apparatuur vereisen. Uiteindelijk is het beste licht het licht dat je helpt de gewenste look en feel voor je foto's te bereiken. Wees dus niet bang om te experimenteren met zowel natuurlijk licht als kunstlicht om te zien wat het beste voor jou werkt.

Dus daar heb je het, mensen! Verlichting is een cruciaal element in fotografie, of je nu met natuurlijk licht, kunstlicht of een combinatie van beide werkt. Let dus op het licht om je heen, experimenteer met verschillende lichttechnieken en wees niet bang om creatief aan de slag te gaan!

Belichting begrijpen: licht en schaduw in evenwicht brengen

Oké, laten we wat licht werpen op de blootstelling – woordspeling bedoeld! Bij belichting draait het allemaal om het vinden van de perfecte balans tussen licht en schaduw in uw foto's. Doe het goed, en uw afbeeldingen zullen zingen. Begrijp het verkeerd, en laten we zeggen dat uw foto's misschien niet zo worden als u had gehoopt.

Laten we het eerst over de basis hebben. De belichting wordt bepaald door drie belangrijke factoren: diafragma, sluitertijd en ISO. Het diafragma bepaalt de hoeveelheid licht die door uw lens gaat, de sluitertijd bepaalt hoe lang de sensor van uw camera wordt blootgesteld aan licht, en ISO meet de gevoeligheid van de sensor van uw camera voor licht. Begrijpen hoe deze drie elementen samenwerken is de sleutel tot goed belichte foto's.

Laten we het nu hebben over het balanceren van licht en schaduw. Het doel is om details vast te leggen in zowel de helderste hoogtepunten als de donkerste schaduwen van je scène. Dit kan lastig zijn, vooral in situaties met hoog contrast, zoals een zonnige dag met diepe schaduwen, maar met een beetje oefening en kennis kun je het wel lukken.

Een techniek om licht en schaduw in evenwicht te brengen is belichtingscompensatie. De meeste camera's hebben een functie waarmee u de belichting handmatig kunt aanpassen om uw foto's helderder of donkerder te maken. Als je scène te helder is en je details in de hoge lichten verliest, kan het helpen om de belichting te verlagen. Omgekeerd, als je scène te donker is en je details in de schaduw verliest, kan het verhogen van de belichting meer details naar voren brengen.

Een andere techniek is HDR-fotografie (High Dynamic Range). HDR omvat het maken van meerdere belichtingen van dezelfde scène met verschillende belichtingsniveaus en deze vervolgens combineren in de nabewerking om één beeld te creëren met details in zowel de hooglichten als de schaduwen. Het is iets geavanceerder en vereist wat extra software, maar het kan een krachtig hulpmiddel zijn voor het vastleggen van scènes met een breed scala aan helderheidsniveaus.

En laten we niet vergeten dat u natuurlijk of kunstlicht in uw voordeel kunt gebruiken. Soms is een goed geplaatste reflector of een strategisch geplaatste flitser alles wat nodig is om die vervelende schaduwen op te vullen en uw belichting in evenwicht te brengen.

Dus daar heb je het, mensen! Bij het balanceren van licht en schaduw draait het allemaal om het begrijpen van de belichting en het gebruiken van technieken als belichtingscompensatie, HDR-fotografie en strategische verlichting om details vast te leggen in zowel de helderste hoogtepunten als de donkerste schaduwen van je scène. Dus ga je gang, experimenteer met verschillende technieken en kijk wat het beste werkt voor jouw foto's!

Beweging vastleggen: tips voor actiefotografie

Oké, laten we aan de slag gaan en praten over actiefotografie! Of u nu atleten midden in de competitie vastlegt of wilde dieren in hun natuurlijke omgeving vastlegt, het beheersen van de kunst van het vastleggen van bewegingen kan uw foto's naar een hoger niveau tillen.

Laten we het eerst hebben over de sluitertijd. Als het om actiefotografie gaat, is een snelle sluitertijd je beste vriend. Hiermee kunt u bewegingen bevriezen en momenten van een fractie van een seconde helder en nauwkeurig vastleggen. Voor de meeste actiefoto's wil je een sluitertijd van minimaal 1/500ste van een seconde of sneller gebruiken. Dit zorgt ervoor dat uw onderwerpen scherp en scherp in beeld zijn, zelfs als ze met hoge snelheid bewegen.

Laten we het vervolgens hebben over het volgen van uw onderwerp. Dit is vooral belangrijk bij het fotograferen van snel bewegende onderwerpen zoals auto's, atleten of dieren in het wild. Houd het scherpstelpunt van uw camera op uw onderwerp en beweeg soepel mee terwijl ze bewegen. Hierdoor kunt u uw onderwerp scherp en scherp houden, terwijl de achtergrond onscherp wordt, waardoor een gevoel van snelheid en beweging in uw foto's ontstaat.

En over achtergrond gesproken: let op wat zich achter je onderwerp bevindt. Een rommelige of afleidende achtergrond kan de impact van je actiefoto wegnemen. Zoek naar heldere, overzichtelijke achtergronden waardoor uw onderwerp opvalt en centraal staat.

Laten we het nu hebben over kadrering en compositie. Probeer bij het fotograferen van actie te anticiperen op de beweging van uw onderwerp en positioneer uzelf dienovereenkomstig. Gebruik leidende lijnen of de regel van derden om dynamische composities te creëren die de aandacht van de kijker naar de actie trekken. En wees niet bang om met verschillende hoeken en perspectieven te experimenteren om unieke en interessante foto's te maken.

En tot slot: vergeet de timing niet. Timing is alles bij actief fotografie. Houd uw vinger op de ontspanknop en wees klaar om het beslissende moment vast te leggen wanneer het zich voordoet. Soms duurt het maar een fractie van een seconde om die perfecte foto te maken, dus wees geduldig en blijf gefocust.

Dus daar heb je het, mensen! Bij het vastleggen van beweging draait alles om het gebruik van een korte sluitertijd, het volgen van je onderwerp, aandacht besteden aan je achtergrond, je opname effectief kadreren en de sluitertijd precies goed timen. Dus pak je camera, ga eropuit en begin met het vastleggen van die actievolle momenten!

Portretfotografie: poseren en communicatie

Laten we een duik nemen in de wereld van portretfotografie, waarbij het vastleggen van de essentie van je onderwerp essentieel is. Poseren en communicatie spelen een cruciale rol bij het creëren van verbluffende portretten die echt resoneren met de kijkers.

Laten we het eerst eens hebben over poseren. Poseren kan een portret maken of breken, dus het is essentieel om je onderwerp in flatterende en natuurlijke posities te begeleiden. Begin door ervoor te zorgen dat uw onderwerp zich op zijn gemak en ontspannen voelt. Moedig ze aan om te gaan staan of zitten op een manier die voor hen natuurlijk aanvoelt, en vermijd stijve of lastige houdingen. Besteed aandacht aan hun lichaamstaal en gezichtsuitdrukkingen en breng indien nodig subtiele aanpassingen aan om hun houding en algehele uiterlijk te verbeteren.

Als het om poseren gaat, is minder vaak meer. In plaats van je onderwerp rigide te positioneren, concentreer je je op het vastleggen van hun persoonlijkheid en karakter. Moedig ze aan om met hun omgeving om te gaan, of dat nu door middel van beweging, expressie of gebaar is. Openhartige momenten kunnen vaak resulteren in de meest authentieke en meeslepende portretten, dus wees niet bang om de persoonlijkheid van uw onderwerp naar voren te laten komen.

Communicatie is een ander cruciaal aspect van portretfotografie. Het opbouwen van een band met uw onderwerp is de sleutel tot het creëren van een ontspannen en plezierige sfeer tijdens de shoot. Neem de tijd om uw onderwerp te leren kennen, vraag naar hun interesses en passies en luister naar hun ideeën en voorkeuren. Door vertrouwen en een goede verstandhouding op te bouwen, voelt uw onderwerp zich niet alleen prettiger voor de camera, maar kunt u ook authentiekere en betekenisvollere portretten maken.

Communiceer tijdens de opname duidelijk en effectief met uw onderwerp. Bied zachte begeleiding en richting wanneer dat nodig is, geef feedback en aanmoediging zodat ze zich zelfverzekerd en op hun gemak voelen. Sta open voor samenwerking en experimenten, zodat uw onderwerp zich creatief kan uiten en zijn eigen ideeën kan bijdragen aan de shoot.

Vergeet ten slotte niet om de communicatielijnen ook na de shoot open te houden. Deel uw visie en ideeën met uw onderwerp en nodig hen uit feedback te geven op de uiteindelijke beelden. Het opbouwen van een samenwerkingsrelatie met uw onderwerp kan op de lange termijn leiden tot meer bevredigende en impactvolle portretten.

Dus daar heb je het, mensen! Portretfotografie gaat over meer dan alleen het vastleggen van een gelijkenis; het gaat over het op een dieper niveau verbinden met je onderwerp en het creëren van beelden die hun unieke persoonlijkheid en geest weerspiegelen. Pak dus je camera, bouw een band op met je onderwerp en laat de essentie ervan doorschijnen in je portretten.

Landschapsfotografie: het vinden van de perfecte foto

Laten we op avontuur gaan door de wereld van landschapsfotografie, waarbij het vastleggen van de schoonheid van de natuur ons ultieme doel is. Het vinden van de perfecte opname te midden van uitgestrekte landschappen vereist geduld, creativiteit en een scherp oog voor detail.

Ten eerste zijn scoutlocaties van cruciaal belang. Verken verschillende gebieden, zowel bekend als nieuw, om unieke landschappen te ontdekken die je inspireren. Houd bij het plannen van je shoot rekening met factoren als verlichting, weersomstandigheden en het tijdstip van de dag. Zonsopgang en zonsondergang bieden vaak de meest verbluffende verlichting voor landschapsfotografie, waardoor warme, gouden tinten over het landschap worden geworpen en dramatische schaduwen en hooglichten worden gecreëerd.

Zodra u uw locatie heeft gevonden, neemt u de tijd om de scène te bestuderen en potentiële aandachtspunten te identificeren. Zoek naar interessante elementen zoals rotsformaties, bomen, watervallen of kronkelende paden die als visuele ankers in je compositie kunnen dienen. Denk aan de voorgrond-, midden- en achtergrond elementen om diepte en dimensie in uw foto's te creëren.

Compositie is cruciaal bij landschapsfotografie. Experimenteer met verschillende technieken zoals de regel van derden, leidende lijnen en kadrering om visueel aantrekkelijke composities te creëren. Besteed aandacht aan de balans van de elementen binnen het kader en streef ernaar een gevoel van harmonie en balans in uw foto's te creëren.

Wees niet bang om creatief te worden met uw perspectieven. Experimenteer met verschillende hoeken, hoogtes en uitkijkpunten om de meest boeiende compositie te vinden. Soms kan laag naar beneden gaan of naar hoger gelegen terrein klimmen een scène volledig transformeren en een nieuw perspectief bieden.

Geduld is een schone zaak in landschapsfotografie. Moeder Natuur werkt niet altijd mee, dus wees bereid te wachten op het perfecte moment om je foto te maken. Blijf geduldig en oplettend, en wees bereid om de kans te grijpen wanneer het licht en de omstandigheden precies goed zijn.

Vergeet ten slotte niet om jezelf onder te dompelen in het moment en verbinding te maken met de schoonheid van het landschap. Sta jezelf toe aanwezig te zijn en de ontzagwekkende wonderen van de natuur ten volle te ervaren. Je passie en waardering voor het landschap komen tot uiting in je foto's, waardoor beelden ontstaan die op een dieper niveau resoneren met kijkers.

Dus daar heb je het, avonturiers! Bij landschapsfotografie gaat het erom de schoonheid van de natuur te omarmen, nieuwe horizonten te verkennen en de magie van de wereld om ons heen vast te leggen. Dus pak je camera, ga de natuur in en laat de landschappen je creativiteit inspireren.

Macrofotografie: de details verkennen

Laten we een reis maken naar de fascinerende wereld van macrofotografie, waar zelfs de kleinste details buitengewoon worden. Macrofotografie stelt ons in staat de ingewikkelde schoonheid van de wereld om ons heen te verkennen, onderwerpen van dichtbij vast te leggen en verbluffende details te onthullen die anders onopgemerkt zouden blijven.

Laten we het eerst hebben over apparatuur. Een speciale macrolens is essentieel voor het vastleggen van scherpe, gedetailleerde beelden van kleine onderwerpen. Deze lenzen zijn ontworpen om op korte afstanden scherp te stellen en bieden een hoge vergroting, waardoor u zelfs de kleinste details helder en nauwkeurig kunt vastleggen. Als u geen macrolens heeft, kunt u ook tussenringen of close-up filters gebruiken om macro-achtige resultaten te bereiken met uw bestaande lens.

Verlichting is een ander cruciaal aspect van macrofotografie. Omdat u met kleine onderwerpen en korte afstanden werkt, kunnen zelfs kleine bewegingen bewegingsonscherpte veroorzaken. Om scherpe, heldere beelden te garanderen, gebruikt u een statief om uw camera te stabiliseren en een externe ontspanknop of timer om cameratrilling te minimaliseren. Overweeg het gebruik van diffuus of indirect licht om harde schaduwen te verzachten en de ingewikkelde details van uw onderwerp te benadrukken.

Als het om compositie gaat, denk dan buiten de gebaande paden. Ontdek verschillende hoeken, perspectieven en kadrering technieken om visueel aantrekkelijke beelden te creëren. Experimenteer met een geringe scherptediepte om uw onderwerp te isoleren en een gevoel van diepte en dimensie in uw foto's te creëren. Besteed aandacht aan patronen, texturen en vormen in je onderwerp en zoek naar mogelijkheden om deze details in je compositie te benadrukken.

Geduld is de sleutel bij macrofotografie. Kleine onderwerpen kunnen ongrijpbaar en onvoorspelbaar zijn, dus wees voorbereid op het observeren en wachten op het perfecte moment om de foto te maken. Neem de tijd om de fijne kneepjes van je onderwerp te verkennen, experimenteer met verschillende composities en perspectieven totdat je de perfecte balans tussen vorm en detail vindt.

En vergeet niet om plezier te hebben! Macrofotografie biedt eindeloze mogelijkheden voor verkenning en ontdekking, waardoor je de wereld op een geheel nieuwe manier kunt zien. Ga de uitdaging aan om de schoonheid van kleinschalige onderwerpen vast te leggen en laat uw creativiteit de vrije loop.

Dus daar heb je het, avonturiers! Macrofotografie nodigt ons uit om de details van de wereld om ons heen te verkennen en verborgen schoonheid in de kleinste onderwerpen te onthullen. Dus pak je camera, waag je in de microkosmos en laat de ingewikkelde details je creativiteit inspireren.

Straatfotografie: ethisch navigeren door openbare ruimtes

Laten we de straat op gaan en de levendige wereld van straatfotografie verkennen, waar op elke hoek een verhaal wacht om verteld te worden. Maar voordat we ons verdiepen in het vastleggen van openhartige momenten in de openbare ruimte, is het belangrijk om na te denken over de ethische implicaties en verantwoordelijkheden die dit genre fotografie met zich meebrengt.

Respecteer eerst en vooral de privacy en waardigheid van uw onderdanen. Wanneer u mensen in openbare ruimtes fotografeert, moet u zich altijd afvragen of uw aanwezigheid en uw camera hen een ongemakkelijk gevoel kunnen bezorgen of hun privacy kunnen schenden. Als iemand zijn ongemak uitdrukt of expliciet vraagt om niet gefotografeerd te worden, respecteer dan zijn/haar wensen en ga verder. Houd er rekening mee dat mensen geen rekwisieten of objecten voor uw foto's zijn; het zijn individuen met hun eigen leven en verhalen.

Houd rekening met culturele gevoeligheden en sociale normen. Verschillende culturen hebben verschillende opvattingen over fotografie, en wat in de ene context acceptabel is, kan in een andere context aanstootgevend of opdringerig zijn. Neem de tijd om jezelf te informeren over de culturele en sociale normen van de gemeenschappen die je fotografeert, en benader je onderwerpen met gevoeligheid en respect.

Denk na over de context waarin je fotografeert. Openbare ruimtes zijn gedeelde ruimtes en iedereen heeft het recht om zich veilig en comfortabel te voelen in zijn omgeving. Wees je bewust van je omgeving en welke invloed jouw aanwezigheid kan hebben op de mensen om je heen. Vermijd het fotograferen van gevoelige of kwetsbare onderwerpen zonder hun toestemming, en houd altijd rekening met de mogelijke gevolgen van uw acties.

Wees transparant over je bedoelingen als fotograaf. Als iemand vraagt wat je doet of waarom je een foto maakt, wees dan eerlijk en respectvol in je antwoord. Het opbouwen van vertrouwen en een goede verstandhouding met uw onderwerpen kan een grote bijdrage leveren aan het creëren van authentieke en betekenisvolle straatfotografie.

En denk ten slotte na over de ethische implicaties van het delen van uw foto's. Vraag uzelf af of uw foto's een nauwkeurige weergave zijn van de mensen en gemeenschappen die u fotografeert, en of het delen ervan een legitiem doel dient. Houd rekening met de potentiële impact die uw foto's kunnen hebben op het leven van uw onderwerp, en vraag altijd toestemming voordat u afbeeldingen van identificeerbare personen deelt.

Samenvattend gaat straatfotografie over meer dan alleen het vastleggen van boeiende beelden; het gaat over het ethisch en verantwoord navigeren in openbare ruimtes, het respecteren van de waardigheid en privacy van uw onderwerpen, en het gebruik van uw camera als hulpmiddel voor het vertellen van verhalen en verbinding. Dus ga de straat op met empathie, nieuwsgierigheid en respect, en laat de verhalen van de stad zich voor je lens ontvouwen.

Evenementfotografie: momenten met gratie vastleggen

Laten we de dynamische wereld van evenementenfotografie betreden, waar elke klik op de sluiter het potentieel heeft om een moment in de tijd te bevriezen en dierbare herinneringen vast te leggen. Of het nu gaat om een bruiloft, een verjaardagsfeestje of een bedrijfsevenement, bij evenementenfotografie gaat het erom de essentie en sfeer van de gelegenheid met gratie en finesse vast te leggen.

Benader elk evenement eerst en vooral met een positieve en professionele houding. Als evenementenfotograaf ben je niet alleen documentairemaker; je bent ook een verhalenverteller, belast met het vastleggen van de emoties, interacties en speciale momenten die zich tijdens het evenement voordoen. Wees bereid je aan te passen aan verschillende situaties en omgevingen, en streef er altijd naar een kalme en beheerste houding te behouden, zelfs te midden van chaos.

Communicatie is de sleutel bij evenementenfotografie. Neem voordat het evenement begint de tijd om uw klanten of organisatoren van evenementen te ontmoeten om hun verwachtingen, voorkeuren en eventuele specifieke foto's die ze willen vastleggen te bespreken. Door duidelijke communicatielijnen en begrip te creëren, weet u zeker dat u foto's kunt leveren die aan hun behoeften voldoen en hun verwachtingen overtreffen.

Wees tijdens het evenement proactief en betrokken. Anticipeer op belangrijke momenten en zorg ervoor dat u ze vastlegt zodra ze zich voordoen. Zoek naar openhartige interacties, oprechte emoties en spontane momenten van vreugde of feest. Wees niet bang om creatief aan de slag te gaan met je composities en perspectieven, maar geef altijd prioriteit aan het vastleggen van de essentie en sfeer van het evenement in je foto's.

Respecteer de grenzen en privacy van uw proefpersonen. Hoewel het belangrijk is om authentieke en openhartige momenten vast te leggen, is het net zo belangrijk om dit te doen op een manier die de waardigheid en privacy respecteert van de mensen die je fotografeert. Vermijd inbreuk op intieme of persoonlijke momenten en vraag altijd om toestemming voordat u close-ups of openhartige foto's van personen maakt.

Neem na het evenement de tijd om uw foto's zorgvuldig samen te stellen en te bewerken. Kies de beste afbeeldingen die het verhaal van het evenement vertellen en de emoties en hoogtepunten van de dag laten zien. Besteed aandacht aan kleurcorrectie, belichting en compositie om ervoor te zorgen dat uw foto's van de hoogste kwaliteit zijn en de geest van het evenement weerspiegelen.

Kortom, evenementenfotografie gaat over meer dan alleen maar foto's maken; het gaat over het vastleggen van momenten met gratie, gevoeligheid en professionaliteit. Door elke gebeurtenis met empathie, communicatie en respect voor uw onderwerpen te benaderen, kunt u foto's maken die niet alleen de gelegenheid documenteren, maar ook de herinneringen en emoties bewaren die deze speciaal maken.

Architectuurfotografie: ontwerp en detail benadrukken

Welkom in de wereld van de architectuurfotografie, waar elk gebouw een verhaal vertelt en elk detail boekdelen spreekt over de creativiteit en visie van de ontwerper. Bij architectuurfotografie draait het allemaal om het vastleggen van de schoonheid, vorm en functionaliteit van gebouwen op een manier die hun unieke ontwerp en details benadrukt.

Neem eerst en vooral de tijd om de architectuur die je fotografeert te bestuderen en te begrijpen. Besteed aandacht aan de lijnen, vormen en texturen van het gebouw, evenals aan de algehele esthetiek en het doel ervan. Houd rekening met de bedoelingen van de architect en de context waarin het gebouw is ontworpen, en probeer deze elementen in uw foto's vast te leggen.

Verlichting speelt een cruciale rol in architectuurfotografie. Let bij het plannen van je shoot op de richting en kwaliteit van het licht, evenals op het tijdstip van de dag. Zacht, diffuus licht kan de details en texturen van het gebouw benadrukken, terwijl hard, direct licht dramatische schaduwen en contrasten kan creëren. Experimenteer met verschillende lichtomstandigheden om de meest flatterende en impactvolle effecten voor uw foto's te vinden.

Compositie is het sleutelwoord in architectuurfotografie. Zoek naar interessante hoeken, perspectieven en uitkijkpunten die het gebouw in zijn beste licht laten zien. Overweeg het gebruik van leidende lijnen, symmetrie en kadrering technieken om dynamische en visueel aantrekkelijke composities te creëren. Besteed aandacht aan de balans en symmetrie van de elementen van het gebouw en streef ernaar composities te creëren die zowel esthetisch als intellectueel stimulerend zijn.

Wees bij het fotograferen van architectonische details niet bang om van dichtbij te komen. Zoom in op ingewikkelde patronen, texturen en materialen om het unieke karakter en vakmanschap van het gebouw vast te leggen. Zoek naar mogelijkheden om interessante kenmerken zoals ramen, deuren, kolommen en gevels te benadrukken, en experimenteer met verschillende brandpuntsafstanden en diafragma's om diepte en dimensie in uw foto's te creëren.

En tot slot: vergeet de nabewerking niet. Gebruik bewerkingssoftware om uw afbeeldingen te verfijnen en de kleurbalans, het contrast en de belichting aan te passen om de schoonheid en impact van de architectuur te verbeteren. Besteed aandacht aan details zoals perspectiefcorrectie en lensvervorming, en streef naar een strakke, gepolijste afwerking die het architectonische ontwerp en de details benadrukt.

Samenvattend gaat architectuurfotografie over meer dan alleen het fotograferen van gebouwen; het gaat over het vastleggen van de essentie en de geest van architectuur op een manier die de schoonheid, vorm en functionaliteit ervan benadrukt. Door aandacht te besteden aan de belichting, compositie en details, en elk gebouw met nieuwsgierigheid, creativiteit en respect te benaderen, kun je foto's maken die niet alleen de architectuur documenteren, maar ook het unieke karakter en de betekenis ervan vieren.

Reisfotografie: uw avonturen documenteren

Welkom in de opwindende wereld van de reisfotografie, waar elke bestemming een nieuwe kans is om de schoonheid, cultuur en sfeer van de plaatsen die u bezoekt vast te leggen. Of je nu exotische landschappen verkent, jezelf onderdompelt in levendige steden of nieuwe culturen ervaart, met reisfotografie kun je je avonturen documenteren en je ervaringen met de wereld delen.

Dompel jezelf eerst en vooral onder in het moment en omarm de geest van avontuur. Reisfotografie gaat niet alleen over het maken van foto's – het gaat over het vertellen van verhalen en het vastleggen van de essentie van je reis. Wees nieuwsgierig, ruimdenkend en bereid om nieuwe plaatsen en culturen te verkennen met een gevoel van verwondering en opwinding.

Neem bij het plannen van uw reisfotografie-avonturen de tijd om uw bestemmingen te onderzoeken en de belangrijkste aandachtspunten te identificeren. Denk aan de iconische bezienswaardigheden, natuurlijke wonderen en culturele attracties die u wilt fotograferen, maar ook aan de verborgen juweeltjes en locaties buiten de gebaande paden die unieke mogelijkheden bieden voor verkenning en ontdekking.

Verlichting is cruciaal bij reisfotografie. Let bij het plannen van je shoots op de kwaliteit en richting van het licht, evenals op het tijdstip van de dag. De vroege ochtend en de late namiddag worden vaak de gouden uren genoemd, omdat ze zacht, warm licht bieden dat ideaal is voor fotografie. Wees echter niet bang om te experimenteren met verschillende lichtomstandigheden en opnametechnieken om de sfeer van elke locatie vast te leggen.

Compositie is het sleutelwoord bij reisfotografie. Zoek naar interessante hoeken, perspectieven en uitkijkpunten die de schoonheid en het unieke karakter van uw omgeving laten zien. Gebruik leidende lijnen, symmetrie en kadrering technieken om visueel aantrekkelijke composities te creëren die de aandacht van de kijker naar de scène trekken.

Vergeet niet de kleine momenten en details vast te leggen die elke bestemming speciaal maken. Of het nu gaat om een lokale straatmarkt, een kleurrijke straat muurschildering of een traditionele culturele ceremonie, deze kleine momenten kunnen vaak de meest meeslepende verhalen vertellen en de sterkste emoties in uw foto's oproepen.

Ten slotte: wees niet bang om te experimenteren en plezier te hebben met je fotografie. Bij reisfotografie draait alles om het omarmen van het onverwachte en het grijpen van het moment, dus wees niet bang om uit je comfortzone te stappen en nieuwe dingen te proberen. Vertrouw op je instinct, volg je passie en laat je creativiteit je leiden terwijl je je avonturen documenteert en je verhalen met de wereld deelt.

Samenvattend gaat reisfotografie over meer dan alleen maar foto's maken – het gaat over het vastleggen van de magie van je avonturen en het delen van je ervaringen met anderen. Door jezelf onder te dompelen in het moment, de geest van avontuur te omarmen en elke bestemming met nieuwsgierigheid, creativiteit en respect te benaderen, kun je foto's maken die niet alleen je reizen documenteren, maar ook anderen inspireren om de wereld om hen heen te verkennen.

Natuurfotografie: respectvolle observatie en veiligheid

Welkom in de spannende wereld van natuurfotografie, waar elke ontmoeting met de natuur een kans is om de schoonheid en majesteit van het dierenrijk vast te leggen. Maar met grote kansen komen ook grote verantwoordelijkheden, vooral als het gaat om het respecteren van wilde dieren en het waarborgen van je eigen veiligheid.

Geef eerst en vooral prioriteit aan het welzijn en de veiligheid van de dieren die u fotografeert. Vergeet niet dat u een gast bent in hun natuurlijke omgeving, en dat uw aanwezigheid hen geen onnodige stress of schade mag bezorgen. Houd een veilige afstand tot wilde dieren en zorg ervoor dat u ze op geen enkele manier stoort of provoceert. Gebruik een telelens om close-up foto's van een afstand te maken zonder de ruimte te betreden.

Wees geduldig en oplettend. Natuurfotografie vereist tijd en geduld, evenals een scherp oog voor detail en gedrag. Neem de tijd om uw onderwerpen vanaf een afstand te observeren en hun gewoonten en routines te leren kennen. Zoek naar mogelijkheden om natuurlijk gedrag en interacties vast te leggen, in plaats van te proberen de scène in scène te zetten of te manipuleren.

Respecteer beschermde gebieden en natuurregels. Veel natuurlijke habitats zijn bij wet beschermd, en het verstoren of schaden van wilde dieren in deze gebieden kan ernstige gevolgen hebben. Maak uzelf vertrouwd met de lokale regelgeving en richtlijnen voor natuurfotografie en volg deze altijd naar de letter.

Oefen ethische fotografietechnieken. Vermijd het gebruik van aas, roep of andere methoden om wilde dieren aan te trekken of te manipuleren voor een foto. Respecteer de grenzen en beperkingen die zijn gesteld door natuurbeschermingsorganisaties en ethische fotografie richtlijnen. Bedenk dat het welzijn van de dieren altijd voorop moet staan.

Zorg ervoor dat u te allen tijde veilig bent. Natuurfotografie kan opwindend zijn, maar kan ook gevaarlijk zijn als er niet de juiste voorzorgsmaatregelen worden genomen. Houd rekening met uw omgeving en potentiële gevaren, zoals steil terrein, onvoorspelbaar weer of agressieve dieren. Houd altijd een veilige afstand tot wilde dieren en benader ze nooit en probeer ze nooit aan te raken.

Samenvattend: natuurfotografie is een spannende en lonende bezigheid, maar brengt ook grote verantwoordelijkheden met zich mee. Door de natuur te respecteren, ethische fotografietechnieken toe te passen en te allen tijde voorrang te geven aan veiligheid, kunt u verbluffende beelden vastleggen en tegelijkertijd het welzijn van de dieren en uzelf garanderen. Dus pak je camera, ga de wildernis in en laat de schoonheid van de natuur je fotografie inspireren.

Basisprincipes van bewerken: uw foto's verbeteren

Welkom in de wereld van fotobewerking, waar u met slechts een paar aanpassingen uw foto's van goed naar geweldig kunt maken. Of u nu een beginner of een doorgewinterde professional bent, als u de basisprincipes van fotobewerking beheerst, kunt u uw foto's verbeteren en hun volledige potentieel naar voren brengen.

Kies eerst de juiste bewerkingssoftware voor uw behoeften. Er zijn tal van opties beschikbaar, van eenvoudige smartphone-apps tot krachtige desktop programma's. Experimenteer met verschillende software totdat u er een vindt die bij uw workflow past en de functies biedt die u nodig hebt om de gewenste resultaten te bereiken.

Nadat u uw bewerkingssoftware heeft gekozen, maakt u zich vertrouwd met de basis hulpmiddelen en -functies. De meeste bewerkingssoftware biedt tools voor het aanpassen van de belichting, het contrast, de kleurbalans en de scherpte, evenals meer geavanceerde functies zoals selectief bewerken en retoucheren. Neem de tijd om deze hulpmiddelen te verkennen en experimenteer met verschillende aanpassingen om te zien hoe deze uw foto's beïnvloeden.

Als het om bewerken gaat, is minder vaak meer. Weersta de verleiding om overdrijven te gaan met filters en effecten, en concentreer u in plaats daarvan op het maken van subtiele, natuurlijk ogende aanpassingen die het algehele uiterlijk van uw foto's verbeteren. Besteed aandacht aan details zoals belichting, kleurbalans en compositie, en streef ernaar een evenwichtig en harmonieus beeld te creëren.

Begin met het maken van globale aanpassingen aan uw gehele afbeelding, zoals het aanpassen van de belichting en het contrast om details in de schaduwen en hooglichten naar voren te brengen. Ga vervolgens verder met meer gerichte aanpassingen, zoals het aanpassen van individuele kleuren of tinten om een specifieke sfeer of sfeer te creëren.

Wees niet bang om te experimenteren en nieuwe dingen uit te proberen. Bewerken is een creatief proces en er bestaat niet één juiste manier om dat te doen. Vertrouw op je instinct en laat je creativiteit je leiden terwijl je verschillende technieken en effecten onderzoekt.

En vergeet ten slotte niet uw bewerkingen op te slaan als een nieuw bestand of een back-up te maken van uw originele foto voordat u begint met bewerken. Zo kun je altijd terug naar het origineel als je niet tevreden bent met het resultaat, of als je een andere aanpak wilt proberen.

Samenvattend is fotobewerking een krachtig hulpmiddel om uw foto's te verbeteren en hun volledige potentieel naar voren te brengen. Door de basisprincipes van bewerkingssoftware onder de knie te krijgen, te experimenteren met verschillende aanpassingen en effecten en te vertrouwen op uw creatieve instincten, kunt u uw foto's naar een hoger niveau tillen en verbluffende beelden maken die er echt uitspringen. Dus pak je camera, begin met fotograferen en laat je creativiteit tot uiting komen in je bewerkingen.

Inleiding tot fotobewerkingssoftware

Welkom in de wereld van fotobewerkingssoftware, waar je de kracht hebt om je foto's te transformeren en je creativiteit de vrije loop te laten. Of u nu een beginner bent die uw snapshots wil verbeteren of een doorgewinterde professional die naar perfectie streeft, fotobewerkingssoftware biedt een breed scala aan hulpmiddelen en functies om u te helpen uw visie te verwezenlijken.

Fotobewerkingssoftware is er in vele soorten en maten, variërend van eenvoudige mobiele apps tot geavanceerde desktop programma's. Enkele populaire opties zijn onder meer Adobe Photoshop, Adobe Lightroom, Capture One, GIMP en Affinity Photo. Elke software heeft zijn eigen unieke kenmerken en mogelijkheden, dus het is belangrijk om er een te kiezen die bij uw behoeften en voorkeuren past.

In de kern kunt u met fotobewerkingssoftware een breed scala aan aanpassingen aan uw foto's aanbrengen, waaronder belichting, kleurbalans, contrast, scherpte en meer. U kunt uw afbeeldingen ook bijsnijden en rechttrekken, ongewenste objecten of oneffenheden verwijderen en creatieve effecten en filters toepassen om het algehele uiterlijk van uw foto's te verbeteren.

Een van de belangrijkste voordelen van fotobewerkingssoftware is de niet-destructieve bewerkingen workflow. Dit betekent dat uw originele foto onaangeroerd blijft en dat alle bewerkingen worden toegepast op een afzonderlijke laag of bestand, zodat u op elk gewenst moment kunt terugkeren naar het origineel. Dit geeft je de vrijheid om te experimenteren en nieuwe dingen uit te proberen zonder je zorgen te hoeven maken dat je je oorspronkelijke imago verpest.

De meeste fotobewerkingssoftware biedt ook krachtige tools voor organisatie- en workflowbeheer, waarmee u uw foto's gemakkelijk kunt importeren, ordenen en categoriseren. U kunt aangepaste mappen en albums maken, trefwoorden en metagegevens aan uw afbeeldingen toevoegen en zelfs meerdere foto's in één keer batchgewijs verwerken om tijd te besparen en uw workflow te stroomlijnen.

Of u nu een hobbyist of een professionele fotograaf bent, het beheersen van fotobewerkingssoftware is een essentiële vaardigheid die uw foto's naar een hoger niveau kan tillen. Door uzelf vertrouwd te maken met de tools en functies van de door u gekozen software, te experimenteren met verschillende technieken en effecten en te vertrouwen op uw creatieve instincten, kunt u het volledige potentieel van uw foto's ontsluiten en verbluffende beelden maken die er echt uitspringen.

Dus of u nu op uw computer of onderweg met uw smartphone aan het bewerken bent, duik in de wereld van fotobewerkingssoftware en laat vandaag nog uw creativiteit de vrije loop!

Kleurcorrectie en witbalans begrijpen

Oké, laten we het hebben over kleurcorrectie en witbalans – twee essentiële aspecten van fotobewerking die een groot verschil kunnen maken in de look en feel van je foto's. Kort gezegd is kleurcorrectie hetzelfde als het verfijnen van de kleuren in uw afbeelding, zodat ze er zo natuurlijk en levensecht mogelijk uitzien. En witbalans? Het gaat erom ervoor te zorgen dat het wit op je foto er ook daadwerkelijk wit uitziet, ongeacht de lichtomstandigheden waarin je hebt gefotografeerd.

Dus waarom is kleurcorrectie belangrijk? Heb je ooit een foto gemaakt en gemerkt dat de kleuren er een beetje afwijkend uitzien? Misschien zijn de groene tinten te verzadigd, of zien de blauwe tinten er te koel uit. Dat is waar kleurcorrectie om de hoek komt kijken. Door de niveaus van verschillende kleuren in uw afbeelding aan te passen, kunt u een evenwichtiger en visueel aantrekkelijker resultaat creëren.

Laten we het nu hebben over de witbalans. Heb je ooit een foto binnenshuis gemaakt en gemerkt dat alles er oranje achtig uitziet? Of misschien heb je op een bewolkte dag buiten een foto gemaakt en ziet alles er een beetje te blauw uit. Dat komt omdat verschillende lichtomstandigheden de kleurtemperatuur van je foto's kunnen beïnvloeden. Met de witbalans kunt u de kleurtemperatuur van uw afbeelding aanpassen, zodat wit er wit uitziet, ongeacht de lichtomstandigheden.

De meeste fotobewerkingssoftware biedt tools en voorinstellingen voor kleurcorrectie en witbalans, waardoor u de kleuren en tinten van uw afbeeldingen eenvoudig met slechts een paar klikken kunt aanpassen. Experimenteer met verschillende instellingen en aanpassingen totdat je de juiste balans voor jouw foto vindt.

En onthoud: er bestaat geen kant-en-klare aanpak voor kleurcorrectie en witbalans. Het draait allemaal om het vinden van de juiste balans die werkt voor uw foto en die de algehele look en feel ervan verbetert. Wees dus niet bang om te experimenteren en vertrouw op je creatieve instinct. Met een beetje oefening ben je in een mum van tijd een kleurcorrectie- en witbalans-expert!

Retoucheertechnieken: portretten verbeteren

Oké, laten we een duik nemen in de wereld van retoucheren, waar we portretten kunnen transformeren van geweldig naar verbluffend! Bij retoucheren gaat het erom de natuurlijke schoonheid van uw onderwerpen te verbeteren, terwijl de dingen er toch authentiek en levensecht uitzien. Of u nu oneffenheden verwijdert, de huid egaliseert of kleuren en tinten aanpast, met retoucheren kunt u portretten maken die echt stralen.

Laten we het eerst hebben over huidretouchering. Vlekken, rimpels en onvolkomenheden zijn een natuurlijk onderdeel van het leven, maar dat betekent niet dat ze centraal moeten staan in uw portretten. Gebruik helende hulpmiddelen en borstels om eventuele afleidende vlekken of vlekken voorzichtig te verwijderen. Zorg ervoor dat u het niet overdrijft en uw onderwerp op een porseleinen pop laat lijken.

Laten we vervolgens de huid gladstrijken. Dit is waar het een beetje lastig kan worden. U wilt de huidtint en -textuur egaler maken zonder de natuurlijke contouren en gelaatstrekken van het gezicht van uw onderwerp volledig uit te wissen. Gebruik hulpmiddelen zoals de kloonstempel of frequentiescheiding om gebieden met een ongelijkmatige textuur te laten vervagen en verzachten, waarbij u erop let een natuurlijke uitstraling te behouden.

Kleur- en toon aanpassingen kunnen ook helpen uw portretten te verbeteren. Gebruik aanpassingslagen en curven om de kleuren en tinten van uw afbeelding nauwkeurig af te stemmen, zodat de huid van uw onderwerp er gezond en levendig uitziet zonder er overdreven verzadigd of onnatuurlijk uit te zien. Besteed aandacht aan details zoals schaduwen en hooglichten, en breng subtiele aanpassingen aan om het beste uit de gelaatstrekken van uw onderwerp te halen.

En vergeet de ogen niet! De ogen zijn de vensters naar de ziel, zoals ze zeggen, dus zorg ervoor dat ze sprankelend en vol leven zijn in je portretten. Gebruik ontwijk- en brand gereedschappen om de ogen helderder en accentueren, waardoor diepte en dimensie aan de blik van uw onderwerp wordt toegevoegd.

Bedenk ten slotte dat minder vaak meer is als het om retoucheren gaat. Het doel is om de natuurlijke schoonheid van uw onderwerp te versterken, en niet om het uiterlijk volledig te veranderen. Wees subtiel en ingetogen in uw retoucheer technieken en houd altijd de integriteit en authenticiteit van uw onderwerp in gedachten.

Samenvattend is retoucheren een krachtig hulpmiddel om portretten te verbeteren en het beste in uw onderwerpen naar boven te halen. Door een combinatie van genezende hulpmiddelen, technieken voor het gladmaken van de huid, kleur- en toon aanpassingen en zorgvuldige aandacht voor detail te gebruiken, kunt u portretten maken die echt stralen. Dus pak je camera, begin met fotograferen en laat je creativiteit de vrije loop terwijl je je een weg baant naar verbluffende portretten!

Creëer verbluffende zwart-witfotografie

Laten we de boeiende wereld van zwart-witfotografie verkennen, waar grijstinten emotie, drama en tijdloze elegantie kunnen oproepen. Of u nu landschappen, portretten of straattaferelen vastlegt, zwart-witfotografie biedt een unieke kans om opvallende beelden te creëren die de tand des tijds doorstaan.

Laten we het eerst hebben over de kracht van contrast. Bij zwart-witfotografie is contrast de sleutel tot het creëren van diepte en drama in uw afbeeldingen. Zoek naar scènes met sterk licht en schaduw, maar ook naar interessante texturen en patronen die in zwart-wit opvallen. Experimenteer met verschillende lichtomstandigheden en belichtingsinstellingen om het contrast in uw foto's te maximaliseren.

Compositie is een ander cruciaal aspect van zwart-witfotografie. Zonder de afleiding van kleur staan de compositie-elementen – zoals lijn, vorm en vorm – centraal. Zoek naar sterke lijnen en vormen die de blik van de kijker door het beeld leiden en experimenteer met verschillende hoeken en perspectieven om dynamische composities te creëren.

Let op het toonbereik in uw foto's. Bij zwart-witfotografie draait het allemaal om het vastleggen van een breed scala aan tinten, van diep zwart tot helder wit en alles daartussenin. Gebruik bewerkingssoftware om de toonbalans van uw afbeeldingen te verfijnen, waarbij u ervoor zorgt dat details in zowel de hoge lichten als de schaduwen behouden blijven.

Wees niet bang om te experimenteren met filters en effecten om de sfeer van uw zwart-witfoto's te verbeteren. Een rood filter kan bijvoorbeeld de schaduwen verdiepen en drama aan uw afbeeldingen toevoegen, terwijl een blauw filter een koelere, meer etherische uitstraling kan creëren. Speel met verschillende effecten totdat je de perfecte voor je foto hebt gevonden.

En tot slot: oefenen, oefenen, oefenen! Zoals bij elke vorm van fotografie kost het maken van verbluffende zwart-witafbeeldingen tijd en toewijding. Neem de tijd om het werk van meester-zwart-witfotografen te bestuderen en oefen je vaardigheden wanneer je maar kunt. Met geduld en doorzettingsvermogen kunt u prachtige zwart-witfoto's maken die een blijvende indruk achterlaten.

Samenvattend biedt zwart-witfotografie een unieke kans om tijdloze, suggestieve beelden te creëren die zich onderscheiden van de massa. Door de principes van contrast, compositie, toonbereik en experimenteren onder de knie te krijgen, kunt u verbluffende zwart-witfoto's maken die de schoonheid en essentie van de wereld om u heen vastleggen. Dus pak je camera, omarm het monochrome palet en laat je creativiteit de vrije loop terwijl je de boeiende wereld van zwart-witfotografie verkent!

Uw foto's afdrukken en weergeven

Nu je je prachtige foto's hebt gemaakt en bewerkt, is het tijd om ze tot leven te brengen in de fysieke wereld. Of u nu uw foto's afdrukt om aan de muur te hangen, een fotoalbum maakt of ze in een galerij tentoonstelt, er zijn een paar dingen waarmee u rekening moet houden om ervoor te zorgen dat uw foto's er op hun best uitzien.

Kies eerst de juiste afdrukmethode en het juiste papier. Er zijn talloze opties beschikbaar, van traditionele prints op glanzend of mat papier tot modernere opties zoals metalen prints of canvaswraps. Houd bij het kiezen van de juiste afdrukmethode en papiersoort rekening met de stijl en esthetiek van uw foto's, en ook waar ze worden weergegeven.

Als het om afdrukken gaat, is resolutie van cruciaal belang. Zorg ervoor dat uw foto's een hoge resolutie hebben en het juiste formaat hebben voor het gewenste afdrukformaat. Dit zorgt ervoor dat uw afdrukken scherp, helder en vrij van pixelvorming of vervorming zijn. Als u niet zeker bent van de resolutie van uw foto's, neem dan contact op met uw afdrukservice of raadpleeg hun richtlijnen voor een optimale afdrukkwaliteit.

Denk na over de opties voor inlijsting en passe-partout voor uw afdrukken. Een goed gekozen lijst en passe-partout kunnen de algehele look en feel van uw foto's verbeteren en de stijl en esthetiek ervan aanvullen. Experimenteer met verschillende inlijst opties om de perfecte combinatie te vinden die uw foto's benadrukt en een vleugje elegantie aan uw display toevoegt.

Als je een fotoalbum of boek maakt, let dan op de lay-out en het ontwerp. Organiseer uw foto's op een manier die een verhaal vertelt of een thema benadrukt, en voeg bijschriften of annotaties toe om context te bieden en het inzicht van de kijker in uw werk te vergroten. Neem de tijd om een lay-out te ontwerpen die soepel verloopt en uw foto's in het best mogelijke licht laat zien.

En vergeet ten slotte niet uw afdrukken te beschermen tegen beschadiging en bederf. Gebruik materialen van archiefkwaliteit en UV-beschermend glas of acryl om uw afdrukken te beschermen tegen vervaging, verkleuring en milieuschade. Met de juiste inlijst- en weergave technieken kunt u ervoor zorgen dat uw afdrukken jarenlang levendig en mooi blijven.

Samenvattend is het afdrukken en weergeven van uw foto's een belangrijke stap in het creatieve proces, waardoor u uw werk met de wereld kunt delen en er in uw eigen ruimte van kunt genieten. Door de juiste afdrukmethode en het juiste papier te kiezen, aandacht te besteden aan resolutie en inlijstingen opties en stappen te ondernemen om uw afdrukken te beschermen, kunt u verbluffende displays creëren die uw foto's in al hun glorie laten zien. Dus ga je gang, druk je foto's af, laat ze trots zien en laat je creativiteit de vrije loop!

Uw fotografie portfolio opbouwen

Oké, laten we het hebben over het bouwen van een geweldig fotografie portfolio dat jouw talent, stijl en visie laat zien. Of je nu net begint of je fotografie carrière naar een hoger niveau wilt tillen, een sterk portfolio is essentieel voor het aantrekken van klanten, het veiligstellen van optredens en het presenteren van je werk aan de wereld.

Allereerst: stel je beste werk samen. Uw portfolio is een weerspiegeling van uw vaardigheden en creativiteit, dus kies uw foto's verstandig. Selecteer een breed scala aan afbeeldingen die uw veelzijdigheid als fotograaf demonstreren, terwijl u toch een samenhangende stijl en esthetiek behoudt. Streef naar kwaliteit boven kwantiteit en wees meedogenloos in uw selectieproces. Neem alleen afbeeldingen op die echt uw beste werk vertegenwoordigen en die uw unieke visie laten zien.

Denk na over de structuur en organisatie van uw portefeuille. Denk na over het verhaal dat u met uw werk wilt vertellen en orden uw foto's op een manier die soepel verloopt en de kijker boeit. U kunt ervoor kiezen uw portfolio in te delen op thema, genre of stijl, of uw foto's in chronologische volgorde te rangschikken om uw groei en ontwikkeling als fotograaf te laten zien. Welke aanpak u ook kiest, zorg ervoor dat uw portfolio gemakkelijk te navigeren en visueel aantrekkelijk is.

Presentatie is essentieel als het gaat om uw portfolio. Investeer in een portfolioboek van hoge kwaliteit of creëer een strak online portfolio waarin uw werk in het best mogelijke licht wordt gepresenteerd. Besteed aandacht aan details zoals lay-out, ontwerp en typografie, en zorg ervoor dat uw portfolio er verzorgd en professioneel uitziet. Vergeet niet dat uw portfolio vaak de eerste indruk is die u maakt op potentiële klanten of samenwerkingspartners, dus zorg ervoor dat deze telt!

Wees niet bang om uw portfolio regelmatig bij te werken en te vernieuwen. Naarmate je groeit en evolueert als fotograaf, moet je portfolio je voortgang weerspiegelen en je huidige stijl en esthetiek weerspiegelen. Houd uw portfolio dynamisch en up-to-date door regelmatig nieuw werk toe te voegen en oudere afbeeldingen te verwijderen die niet langer uw beste werk vertegenwoordigen.

En vergeet ten slotte niet uw portfolio te promoten en met de wereld te delen. Gebruik sociale media, uw website en netwerkevenementen om uw werk onder de aandacht te brengen en in contact te komen met potentiële klanten en samenwerkingspartners. Wees proactief bij het zoeken naar mogelijkheden om uw portfolio te delen en ervoor te zorgen dat uw werk door zoveel mogelijk mensen wordt gezien.

Samenvattend gaat het bij het opbouwen van een fotografie portfolio om het samenstellen van uw beste werk, het effectief organiseren ervan en het presenteren op een manier die uw talent en visie laat zien. Door uw beste afbeeldingen te selecteren, ze zorgvuldig te ordenen en ze professioneel te presenteren, kunt u een portfolio creëren dat zich onderscheidt van de massa en u helpt uw fotografie doelen te bereiken. Dus ga erop uit, begin met fotograferen en bouw de portfolio van je dromen!

Auteursrecht en intellectueel eigendom: uw werk beschermen

Oké, laten we het hebben over het beschermen van je creatieve werk tegen ongeoorloofd gebruik en inbreuk. Als fotograaf zijn uw afbeeldingen uw levensonderhoud, dus het is belangrijk dat u uw rechten kent en stappen onderneemt om deze tegen misbruik te beschermen.

Laten we het eerst en vooral hebben over het auteursrecht. Auteursrecht is een wettelijk recht dat u exclusieve controle geeft over het gebruik en de distributie van uw creatieve werk. Als maker van uw foto's beschikt u automatisch over het auteursrecht erop zodra ze zijn gemaakt. Dit betekent dat u het exclusieve recht heeft om uw foto's te reproduceren, distribueren en weergeven, evenals het recht om afgeleide werken op basis daarvan te maken.

Om uw auteursrecht nog verder te beschermen, kunt u overwegen uw foto's te registreren bij het auteursrechtenbureau in uw land. Hoewel auteursrechtelijke bescherming automatisch plaatsvindt, biedt registratie aanvullende juridische voordelen en maakt het het gemakkelijker om uw rechten voor de rechter af te dwingen als er inbreuk op uw werk wordt gemaakt.

Als het gaat om het online delen van uw foto's, overweeg dan om watermerken te gebruiken of copyrightinformatie in uw afbeeldingen in te sluiten om ongeoorloofd gebruik te voorkomen. Hoewel watermerken enigszins opdringerig kunnen zijn, kunnen ze u ook helpen uw werk te identificeren en potentiële overtreders ervan te weerhouden uw foto's te stelen.

Wees waakzaam als u toezicht houdt op het gebruik van uw foto's online. Gebruik tools voor het zoeken naar omgekeerde afbeeldingen om bij te houden waar uw foto's worden gebruikt en onderneem actie om ongeoorloofd gebruik of inbreuk aan te pakken. Hierbij kan het gaan om het sturen van staakt-het-en-ophouden-brieven, het indienen van

DMCA-verwijdering kennisgevingen of het ondernemen van juridische stappen tegen overtreders.

Overweeg om uw foto's te licentiëren voor commercieel gebruik. Door uw foto's in licentie te geven, kunt u anderen toestemming geven om uw werk te gebruiken in ruil voor een vergoeding of een andere vergoeding. Er zijn verschillende soorten licenties beschikbaar, van royalty vrije licenties die onbeperkt gebruik van uw foto's mogelijk maken tot rights managed-licenties die het gebruik beperken op basis van factoren als duur, geografische locatie en bedoeld gebruik.

En tot slot: informeer uzelf over het auteursrecht en intellectuele eigendomsrechten. Hoe meer u weet over uw rechten en hoe u deze kunt beschermen, des te beter bent u in staat uw werk te verdedigen tegen inbreuk en ongeoorloofd gebruik.

Samenvattend is het beschermen van uw werk tegen ongeoorloofd gebruik en inbreuk essentieel voor het behoud van uw rechten als fotograaf en het veiligstellen van uw levensonderhoud. Door het auteursrecht te begrijpen, uw werk te registreren, watermerken te gebruiken, het gebruik te controleren, uw foto's te licentiëren en op de hoogte te blijven van uw rechten, kunt u proactieve stappen ondernemen om uw creatieve werk te beschermen en ervoor te zorgen dat u de juiste kredieten en compensatie voor uw inspanningen ontvangt. Wees dus proactief, blijf waakzaam en bescherm uw werk tegen misbruik en inbreuk!

Sociale media-etiquette voor fotografen

Oké, laten we eens kijken naar de do's en don'ts van de etiquette op sociale media voor fotografen. Sociale media zijn een krachtig hulpmiddel om uw werk onder de aandacht te brengen, contact te maken met collega-fotografen en contact te maken met uw publiek, maar het is belangrijk om het op een verantwoorde en respectvolle manier te gebruiken.

Laten we het eerst hebben over het delen van uw werk. Sociale media zijn een geweldig platform om uw foto's onder de aandacht te brengen en een breder publiek te bereiken, maar het is belangrijk om selectief te zijn in wat u deelt. Plaats alleen uw beste werk: de afbeeldingen die echt uw stijl en visie als fotograaf vertegenwoordigen. Kwaliteit boven kwantiteit is de sleutel, dus weersta de drang om de feeds van je volgers te overspoelen met elke foto die je ooit hebt gemaakt.

Wanneer u uw foto's op sociale media deelt, zorg er dan voor dat u de eer vermeldt. Als je het werk van iemand anders opnieuw plaatst, vraag dan altijd eerst om toestemming en vermeld de juiste vermelding in je bijschrift. Als u een foto deelt die is geïnspireerd op het werk van iemand anders, zorg er dan voor dat u deze persoon erkent en de inspiratie vermeldt.

Ga op een betekenisvolle manier in gesprek met je publiek. Reageer op opmerkingen en berichten, stel vragen en stimuleer een gesprek. Bij sociale media draait alles om het opbouwen van verbindingen en het onderhouden van relaties, dus neem de tijd om met uw volgers in contact te komen en laat hen zien dat u hun steun en feedback op prijs stelt.

Wees respectvol voor andere fotografen en hun werk. Vermijd het maken van negatieve of kleinerende opmerkingen over andere fotografen of hun foto's, zelfs als u persoonlijk niet van hun stijl of onderwerp houdt. Vergeet niet dat fotografie subjectief is, en waar de één van houdt, vindt de ander misschien niet – en dat is oké!

Vermijd het gebruik van sociale media om klachten te uiten of te klagen over klanten, collega's of andere fotografen. Houd uw interacties professioneel en positief, en onthoud dat sociale media een openbaar forum zijn waar iedereen uw berichten kan zien.

En ten slotte: houd rekening met auteursrechten en intellectuele eigendomsrechten. Gebruik de foto's van iemand anders niet zonder toestemming en vermeld altijd de vermelding als u het werk van iemand anders deelt of opnieuw plaatst. Respecteer de rechten van andere fotografen, net zoals u zou willen dat zij de uwe respecteren.

Samenvattend gaat het bij de sociale media-etiquette voor fotografen om het verantwoord en respectvol gebruiken van het platform. Door uw beste werk te delen, de eer te geven waar de eer toekomt, contact te maken met uw publiek, respect te hebben voor andere fotografen en auteursrechten en intellectuele-eigendomsrechten te respecteren, kunt u sociale media gebruiken om uw talent onder de aandacht te brengen en in contact te komen met collega-fotografen en fotografieliefhebbers in op een positieve en betekenisvolle manier. Dus ga je gang, deel je werk, communiceer met je publiek en geniet van de ongelooflijke community die sociale media te bieden heeft!

Netwerken en samenwerken in de fotografie gemeenschap

Oké, laten we het hebben over de kracht van netwerken en samenwerking in de fotografie gemeenschap. Het opbouwen van relaties met collega-fotografen en het samenwerken aan projecten kan nieuwe kansen bieden, uw vaardigheden uitbreiden en uw creativiteit stimuleren.

Laten we het eerst hebben over netwerken. Bij netwerken draait alles om het leggen van verbindingen en het opbouwen van relaties met andere fotografen, professionals uit de industrie en potentiële klanten. Woon fotografie bijeenkomsten, workshops en conferenties bij, sluit je aan bij online fotografie forums en -gemeenschappen en ga in gesprek met collega-fotografen op sociale media. Neem de tijd om jezelf voor te stellen, vragen te stellen en andere fotografen in jouw regio of niche te leren kennen.

Netwerken gaat niet alleen over het leggen van verbindingen; het gaat ook over het onderhouden van die verbindingen in de loop van de tijd. Houd contact met uw contacten, volg vergaderingen of evenementen op en zoek naar mogelijkheden om samen te werken of elkaars werk te ondersteunen. Het opbouwen van een sterk netwerk van contacten kan nieuwe mogelijkheden bieden voor samenwerking, verwijzingen en wederzijdse ondersteuning.

Samenwerking is een andere krachtige manier om als fotograaf te groeien en te leren. Of u nu samenwerkt met andere fotografen aan een creatief project, samenwerkt met modellen of stylisten voor een fotoshoot, of samenwerkt met klanten om hun visie tot leven te brengen, door samen te werken kunt u uw talenten en middelen bundelen om iets te creëren dat groter is dan de som van de dingen. onderdelen.

Wanneer u met anderen samenwerkt, is communicatie van cruciaal belang. Definieer vooraf duidelijk de rollen en verwachtingen, bespreek de creatieve visie en doelstellingen voor het project en stel een tijdlijn en workflow op die voor alle betrokkenen werkt. Sta open voor feedback en ideeën van uw medewerkers, wees bereid compromissen te sluiten en een gemeenschappelijke basis te vinden om het best mogelijke resultaat te bereiken.

Bij samenwerking gaat het niet alleen om het samenwerken met andere fotografen – het gaat ook om het leren van hen. Sta open voor het leren van nieuwe technieken, experimenteren met verschillende stijlen en buiten je comfortzone treden. Door met anderen samen te werken, kunt u uw vaardigheden uitbreiden, nieuwe inzichten verwerven en groeien als fotograaf.

En tot slot: wees niet bang om het voortouw te nemen en zelf samenwerkingen te initiëren. Neem contact op met collega-fotografen, modellen, stylisten of andere creatievelingen wier werk u bewondert, en stel ideeën voor samenwerking voor. Of het nu gaat om een thema fotoshoot, een gezamenlijke tentoonstelling of een samenwerkingsproject voor een klant, wees niet bang om uw ideeën te pitchen en te kijken waar ze u naartoe brengen.

Samenvattend zijn netwerken en samenwerking essentieel voor de groei en bloei van de fotografie gemeenschap. Door relaties op te bouwen, verbindingen te onderhouden en met anderen samen te werken, kunt u uw vaardigheden uitbreiden, uw horizon verbreden en meer succes en voldoening als fotograaf bereiken. Dus ga erop uit, begin verbindingen te leggen en laat je creativiteit de vrije loop door samenwerking!

Op zoek naar feedback en constructieve kritiek

Oké, laten we het hebben over het belang van het zoeken naar feedback en opbouwende kritiek als fotograaf. Hoewel het intimiderend kan zijn om je werk openbaar te maken zodat anderen er kritiek op kunnen hebben, kan het ontvangen van feedback van collega's, mentoren en andere fotografen ongelooflijk waardevol zijn voor je groei en ontwikkeling als kunstenaar.

Laten we eerst eens kijken waarom feedback belangrijk is. Feedback biedt u een frisse kijk op uw werk, waardoor u uw foto's door de ogen van iemand anders kunt bekijken. Het kan gebieden benadrukken waar u uitblinkt en gebieden waar u kunt verbeteren, zodat u de sterke en zwakke punten in uw fotografie kunt identificeren. Feedback biedt ook mogelijkheden om te leren en te groeien, waardoor u uw vaardigheden kunt uitbreiden en uw vak kunt verfijnen.

Bij het zoeken naar feedback is het belangrijk om ruimdenkend te zijn en open te staan voor kritiek. Onthoud dat het doel van feedback niet is om je neer te halen of je een slecht gevoel te geven over je werk; het is om je te helpen verbeteren en groeien als fotograaf. Benader feedback met een open geest en de bereidheid om te leren, en wees dankbaar voor alle inzichten of suggesties die anderen bieden.

Wees specifiek over wat voor soort feedback je zoekt. Bent u op zoek naar technisch advies over belichting en compositie? Zoekt u feedback over uw bewerking stijl of nabewerkingstechnieken? Bent u geïnteresseerd in de mening van anderen over het algemene concept en de boodschap van uw foto's? Wees duidelijk over wat u hoopt te bereiken met het feedbackproces, zodat anderen u de meest nuttige en relevante feedback kunnen geven.

Wanneer u feedback ontvangt, concentreer u dan op de opbouwende kritiek; de feedback die specifieke suggesties voor verbetering biedt of gebieden benadrukt waarop u als fotograaf kunt groeien. Hoewel positieve feedback altijd leuk is om te horen, is het de opbouwende kritiek die je zal helpen jezelf te pushen om een betere fotograaf te worden.

En tot slot: wees niet bang om feedback te vragen uit verschillende bronnen. Neem contact op met collega-fotografen, mentoren en collega's wier werk u bewondert, en vraag om hun eerlijke feedback op uw foto's. Sluit u aan bij fotografie forums en -gemeenschappen waar u uw werk kunt delen en feedback kunt krijgen van een breder publiek. Hoe meer feedback je krijgt, hoe meer kansen je krijgt om te leren en te groeien als fotograaf.

Samenvattend is het zoeken naar feedback en opbouwende kritiek een essentieel onderdeel van het creatieve proces voor fotografen. Door open van geest te zijn, specifiek te zijn over het soort feedback waarnaar u op zoek bent, u te concentreren op opbouwende kritiek en feedback te zoeken uit verschillende bronnen, kunt u waardevolle inzichten verwerven, uw vaardigheden verbeteren en groeien als fotograaf. Wees dus niet bang om je werk op de markt te brengen, zoek feedback van anderen en gebruik het als springplank voor je groei en ontwikkeling als kunstenaar.

Realistische doelen en mijlpalen stellen

Laten we eens kijken naar het belang van het stellen van realistische doelen en mijlpalen als fotograaf. Of u nu net begint of uw fotografie naar een hoger niveau wilt tillen, het hebben van duidelijke doelen en mijlpalen kan u helpen gefocust, gemotiveerd en op koers te blijven om succes te behalen.

Laten we eerst eens kijken waarom het stellen van doelen belangrijk is. Doelen geven je iets om naar te streven en geven richting en doel aan je fotografie. Ze helpen u uw prioriteiten te verduidelijken, verbeterpunten te identificeren en uw voortgang in de loop van de tijd te meten. Zonder duidelijke doelen is het gemakkelijk om je verloren of overweldigd te voelen, en niet zeker te weten welke stappen je moet nemen om verder te komen op je fotografiereis.

Bij het stellen van doelen is het belangrijk om realistisch en specifiek te zijn. In plaats van vage doelen te stellen als 'betere foto's maken' of 'een beroemde fotograaf worden', kun je deze opsplitsen in kleinere, beter haalbare doelen die specifiek, meetbaar en tijdgebonden zijn. Je kunt bijvoorbeeld een doel stellen om je compositie vaardigheden te verbeteren door de regel van derden in je foto's toe te passen, of om je volgers op Instagram binnen de komende drie maanden met 10% te vergroten.

Nadat u uw doelen heeft gesteld, kunt u ze opsplitsen in kleinere mijlpalen of taken waar u dagelijks, wekelijks of maandelijks naartoe kunt werken. Dit maakt uw doelen beter beheersbaar en helpt u gemotiveerd te blijven door u een gevoel van vooruitgang en prestatie te geven terwijl u aan uw grotere doelen werkt.

Wees flexibel en aanpasbaar met uw doelen. Het leven is onvoorspelbaar en soms lopen dingen niet volgens plan. Wees bereid om uw doelen en tijdlijnen indien nodig aan te passen, en wees niet te streng voor uzelf als u onderweg tegenslagen of obstakels tegenkomt. Vergeet niet dat het oké is om een omweg te nemen of van koers te veranderen. Het belangrijkste is dat u vooruit blijft gaan en trouw blijft aan uw algemene visie en doelstellingen.

Vier ten slotte uw successen en mijlpalen onderweg. Neem de tijd om uw prestaties te erkennen en te vieren, hoe klein ze ook lijken. Of het nu gaat om het bereiken van een bepaald aantal volgers op sociale media, het verkopen van je eerste afdruk of het beheersen van een nieuwe fotografie techniek, elke mijlpaal is het vieren waard als een bewijs van je harde werk, toewijding en vooruitgang als fotograaf.

Samenvattend is het stellen van realistische doelen en mijlpalen essentieel voor het behalen van succes en groei als fotograaf. Door duidelijke, specifieke doelen te stellen, deze op te delen in kleinere mijlpalen, flexibel en aanpasbaar te blijven en gaandeweg uw successen te vieren, kunt u gefocust, gemotiveerd en op koers blijven om uw fotografie dromen te verwezenlijken. Dus ga je gang, stel je doelen en begin eraan te werken om je fotografie ambities werkelijkheid te laten worden!

Vind uw fotografiestijl en stem

Laten we de reis verkennen van het vinden van uw unieke fotografiestijl en stem – het is alsof u uw artistieke vingerafdruk ontdekt die u onderscheidt van anderen. Uw stijl en stem maken uw foto's herkenbaar en gedenkwaardig en weerspiegelen uw persoonlijkheid, visie en creatieve expressie.

Laten we eerst eens kijken naar wat fotografiestijl en stem eigenlijk betekenen. Je stijl omvat de esthetische en visuele elementen die je werk bepalen – deze kan worden gekarakteriseerd door je onderwerpkeuze, compositietechnieken, montagestijl, kleurenpalet of stemming. Jouw stem daarentegen is de emotionele en conceptuele basis van je werk. Het is wat je foto's over jou zeggen, jouw perspectief en de verhalen die je wilt vertellen.

Het vinden van jouw stijl en stem is een reis van zelfontdekking en verkenning. Het gaat over het experimenteren met verschillende technieken, onderwerpen en benaderingen totdat je ontdekt wat bij je resoneert en authentiek aanvoelt voor wie je bent als fotograaf. Wees niet bang om nieuwe dingen te proberen, risico's te nemen en de grenzen van je creativiteit te verleggen – zo ontdek je je unieke stijl en stem.

Begin door naar binnen te kijken en jezelf af te vragen wat je inspireert en waar je gepassioneerd over bent. Tot welke onderwerpen of thema's voel jij je aangetrokken? Welke emoties of ideeën wil je oproepen in je foto's? Uw antwoorden op deze vragen kunnen aanwijzingen geven over uw stijl en stem en u helpen uw creatieve reis te begeleiden.

Schenk aandacht aan het werk van fotografen die je bewondert, maar probeer hun stijl niet te imiteren of na te bootsen. Bestudeer in plaats daarvan hun technieken en benaderingen en denk na over hoe u elementen van hun werk in uw eigen unieke visie kunt integreren. Haal inspiratie uit een breed scala aan bronnen – niet alleen andere fotografen, maar ook kunst, literatuur, muziek en de wereld om je heen.

Experimenteer met verschillende technieken, onderwerpen en stijlen totdat je vindt wat goed voor je voelt. Wees niet bang om fouten te maken of omwegen te nemen – elk experiment is een kans om te leren en te groeien als fotograaf. Blijf je stijl en stem in de loop van de tijd verfijnen en aanscherpen, en vertrouw erop dat je met geduld en doorzettingsvermogen uiteindelijk je eigen creatieve stem zult vinden die je onderscheidt van de massa.

En vergeet niet dat je stijl en stem zullen blijven evolueren en veranderen naarmate je groeit en je ontwikkelt als fotograaf. Omarm de reis van zelfontdekking en creatieve verkenning, en vertrouw erop dat uw unieke perspectief en visie door zullen schijnen in uw werk, waardoor het echt uw eigen wordt.

Kortom, het vinden van jouw fotografiestijl en stem is een zeer persoonlijke en lonende reis. Door je passies te verkennen, te experimenteren met verschillende technieken en trouw te blijven aan jezelf en je visie, kun je je unieke creatieve stem ontdekken waarmee jij je als fotograaf onderscheidt. Dus ga je gang, omarm de reis en laat je stijl en stem doorschijnen in je fotografie!

Passie en winst in evenwicht brengen: van uw hobby een carrière maken

Laten we een duik nemen in de spannende reis om van uw fotografie hobby een bevredigende carrière te maken, terwijl u uw passie voor fotografie in evenwicht brengt met de behoefte om inkomsten te genereren.

Ten eerste is het van cruciaal belang om je passie voor fotografie te behouden terwijl je overstapt naar een carrière. Onthoud waarom je überhaupt verliefd werd op fotografie en blijf die passie koesteren. Jouw liefde voor het vak zal de drijvende kracht achter jouw succes zijn en zal je gemotiveerd houden in uitdagende tijden.

Het is echter ook belangrijk om de zakelijke kant van fotografie te erkennen. Als u van uw hobby uw beroep maakt, moet u deze met een strategische instelling benaderen. Dit omvat het ontwikkelen van een businessplan, het stellen van financiële doelen en het creëren van een marketingstrategie om uw diensten te promoten.

Als het gaat om de prijsstelling van uw diensten, is het essentieel dat u uw werk en expertise waardeert. Hoewel het verleidelijk kan zijn om jezelf te laag in te schatten, vooral als je net begint, kan dit je geloofwaardigheid ondermijnen en het moeilijk maken om je bedrijf op de lange termijn overeind te houden. Neem de tijd om industrienormen te onderzoeken en prijzen vast te stellen die de waarde van uw werk weerspiegelen.

Het opbouwen van een sterke online aanwezigheid is de sleutel tot het aantrekken van klanten en het laten groeien van uw fotografiebedrijf. Investeer in het creëren van een professionele website en portfolio die uw beste werk laat zien en uw unieke stijl en stem benadrukt. Gebruik sociale-mediaplatforms om met uw publiek in contact te komen, een kijkje achter de schermen van uw werk te delen en relaties op te bouwen met potentiële klanten.

Netwerken is een ander cruciaal aspect van het opbouwen van een succesvolle fotografie carrière. Woon branche-evenementen bij, sluit je aan bij fotografie groepen en forums en maak contact met andere professionals in jouw vakgebied. Het opbouwen van een sterk netwerk van contacten kan leiden tot nieuwe kansen, samenwerkingen en verwijzingen die u kunnen helpen uw bedrijf te laten groeien.

Terwijl u de transitie doormaakt van hobbyist naar professionele fotograaf, is het belangrijk om flexibel te blijven en open te staan voor nieuwe kansen. Wees bereid je aan te passen aan veranderende markttrends, experimenteer met verschillende niches of diensten en zoek voortdurend naar manieren om te innoveren en je bedrijf te laten groeien.

Vergeet ten slotte niet om prioriteit te geven aan zelfzorg en balans in uw leven. Het opbouwen van een fotografie carrière kan veeleisend zijn, zowel fysiek als emotioneel, dus het is belangrijk om tijd voor jezelf te nemen en je welzijn te koesteren. Stel grenzen rond uw werkuren, geef prioriteit aan activiteiten die u vreugde en voldoening geven buiten de fotografie, en wees niet bang om hulp of ondersteuning te vragen wanneer u die nodig heeft.

Samenvattend vereist het omzetten van uw fotografie hobby in een carrière een evenwicht tussen passie, strategische planning en zakelijk inzicht. Door trouw te blijven aan je liefde voor fotografie, je werk te waarderen, een sterke online aanwezigheid op te bouwen, te netwerken met andere professionals en prioriteit te geven aan zelfzorg, kun je een bevredigende en duurzame carrière creëren door te doen waar je van houdt. Dus ga je gang, jaag je dromen na en verander je passie voor fotografie in een succesvolle en lonende carrière!

Klantcommunicatie en professionaliteit

Laten we eens kijken naar het belang van effectieve klantcommunicatie en professionaliteit in de fotografiebranche. Het opbouwen van sterke relaties met uw klanten en het handhaven van een professionele houding zijn essentieel voor succes in de branche.

Ten eerste is duidelijke en tijdige communicatie van cruciaal belang om een positieve ervaring voor uw klanten te garanderen. Door uw klanten bij elke stap op de hoogte te houden en op de hoogte te houden, vanaf het eerste onderzoek tot de uiteindelijke levering van de beelden, kunt u het vertrouwen in uw diensten opbouwen.

Reageer snel op vragen van klanten, of deze nu via e-mail, telefoontjes of berichten op sociale media komen. Wees hoffelijk en professioneel in uw antwoorden en geef duidelijke en gedetailleerde informatie over uw diensten, prijzen en beschikbaarheid.

Luister aandachtig naar de behoeften en voorkeuren van uw klant en stel vragen om eventuele onduidelijkheden op te helderen. Als u hun visie en verwachtingen begrijpt, kunt u uw diensten afstemmen op hun specifieke vereisten en resultaten leveren die hun verwachtingen overtreffen.

Houd uw klanten tijdens het fotografie proces op de hoogte van tijdlijnen, planning en eventuele wijzigingen of updates die zich kunnen voordoen. Wees proactief in het communiceren van eventuele vertragingen of uitdagingen die van invloed kunnen zijn op het project, en werk samen met uw klanten om oplossingen te vinden en een soepel en succesvol resultaat te garanderen.

Behoud professionaliteit in al uw interacties met klanten, collega's en leveranciers. Dit houdt onder meer in dat u punctueel, betrouwbaar en respectvol bent in uw communicatie en gedrag. Kleed u gepast voor klantbijeenkomsten en fotoshoots en gedraag u te allen tijde met integriteit en eerlijkheid.

Wees vanaf het begin transparant over uw prijzen, beleid en servicevoorwaarden en zorg ervoor dat uw klanten deze begrijpen en ermee akkoord gaan voordat ze een contract aangaan. Dit helpt misverstanden of geschillen achteraf te voorkomen en bevordert een gevoel van vertrouwen en transparantie in uw zakelijke relaties.

Neem ten slotte contact op met uw klanten na de voltooiing van een project om hun tevredenheid te garanderen en om eventuele zorgen of feedback die zij hebben, aan te pakken. Bedank hen voor hun zaken en spreek uw waardering uit voor de mogelijkheid om met hen samen te werken. Het opbouwen van positieve relaties met uw klanten kan leiden tot terugkerende klanten, verwijzingen en langdurig succes in uw fotografie carrière.

Samenvattend zijn effectieve klantcommunicatie en professionaliteit essentieel voor het opbouwen van vertrouwen, tevredenheid en loyaliteit in uw fotografiebedrijf. Door duidelijke en tijdige communicatie te onderhouden, aandachtig te luisteren naar de behoeften van uw klanten, u integer en professioneel te gedragen en door de opvolging te garanderen om tevredenheid te garanderen, kunt u positieve en duurzame relaties met uw klanten opbouwen en succes behalen in uw fotografie carrière. Dus ga uw gang, communiceer vol vertrouwen en laat uw professionaliteit zien in elk aspect van uw bedrijf!

Prijzen voor uw fotografie diensten

Laten we een duik nemen in de kunst en wetenschap van het prijzen van uw fotografie diensten. Het instellen van de juiste prijzen is essentieel voor het voortbestaan van uw bedrijf en om ervoor te zorgen dat u eerlijk wordt gecompenseerd voor uw tijd, expertise en creatieve werk.

Ten eerste is het belangrijk om uw kosten te begrijpen. Bereken alle kosten die verband houden met het runnen van uw fotografiebedrijf, inclusief apparatuurkosten, software abonnementen, studiohuur, marketingkosten en uw eigen salaris of uurtarief. Dit geeft u een basis voor het bepalen van uw prijzen en zorgt ervoor dat u uw kosten dekt en winst maakt.

Denk na over de waarde van uw tijd en expertise. Uw fotografie vaardigheden en ervaring zijn waardevolle troeven, en uw prijzen moeten dat weerspiegelen. Houd daarbij rekening met de tijd die u besteedt aan fotograferen, bewerken, communiceren met klanten en andere taken die verband houden met uw fotografiebedrijf. Onderschat uw tijd niet: het is een van uw kostbaarste hulpbronnen.

Onderzoek de markt en ken uw waarde. Kijk naar wat andere fotografen in uw regio of niche vragen voor soortgelijke diensten en gebruik deze informatie om uw prijsstrategie te bepalen. Denk na over uw unieke waardepropositie, zoals uw stijl, kwaliteit van werk en niveau van klantenservice, en prijs uw diensten dienovereenkomstig.

Bied verschillende prijspakketten aan om tegemoet te komen aan een scala aan klanten en budgetten. Hierdoor kunt u klanten met verschillende behoeften en voorkeuren aantrekken en tegelijkertijd uw verdienpotentieel maximaliseren. Overweeg om gelaagde pakketten aan te bieden met verschillende serviceniveaus en prijzen, evenals add-on-opties voor aanvullende producten of diensten.

Wees transparant over uw prijzen en beleid. Communiceer uw prijzen duidelijk op uw website, in marketingmateriaal en in uw eerste communicatie met klanten. Zorg ervoor dat uw klanten begrijpen wat er in uw prijzen is inbegrepen en welke extra kosten of toeslagen van toepassing kunnen zijn. Transparantie schept vertrouwen en helpt misverstanden of geschillen achteraf te voorkomen.

Denk na over de waargenomen waarde van uw diensten. Factoren zoals uw reputatie, portfolio en merkimago kunnen van invloed zijn op de manier waarop klanten de waarde van uw werk waarnemen. Investeer in het opbouwen van een sterke merkidentiteit, laat uw beste werk zien en lever uitzonderlijke klantenservice om de waargenomen waarde van uw diensten te vergroten en uw prijzen te rechtvaardigen.

Wees ten slotte flexibel en aanpasbaar met uw prijzen. Elke klant en elk project is uniek, en het is prima om over prijzen te onderhandelen of pakketten aan te passen aan hun specifieke behoeften. Sta open voor het bespreken van prijsopties met uw klanten en het vinden van oplossingen die voor beide partijen werken.

Samenvattend vereist de prijsstelling van uw fotografie diensten een zorgvuldige afweging van uw kosten, waarde, markttrends en klantbehoeften. Door uw uitgaven te begrijpen, uw tijd en expertise te waarderen, de markt te onderzoeken, transparante prijspakketten aan te bieden en u aan te passen aan de voorkeuren van de klant, kunt u prijzen vaststellen die eerlijk, concurrerend en duurzaam zijn voor uw fotografiebedrijf. Dus ga je gang, analyseer die cijfers en bepaal de prijs van je fotografie diensten zo dat de waarde die je aan je klanten toevoegt, wordt weerspiegeld!

Marketing van jezelf als fotograaf

Laten we effectieve strategieën verkennen om uzelf als fotograaf op de markt te brengen en klanten naar uw bedrijf te trekken. In het huidige competitieve landschap is het essentieel om op te vallen en uw unieke stijl en expertise aan potentiële klanten te laten zien.

Creëer eerst een professionele online aanwezigheid. Investeer in een goed ontworpen website waarop uw portfolio, services, prijzen en contactgegevens worden getoond. Uw website is vaak de eerste indruk die potentiële klanten van uw bedrijf zullen hebben, dus zorg ervoor dat deze uw merkidentiteit weerspiegelt en uw beste werk laat zien.

Optimaliseer uw website voor zoekmachines (SEO) om uw zichtbaarheid online te verbeteren. Gebruik relevante zoekwoorden, metatags en beschrijvingen zodat potentiële klanten u kunnen vinden wanneer ze zoeken naar fotografen in uw regio of niche. Overweeg een blog te starten om inzichten, tips en verhalen achter de schermen over uw fotografie werk te delen, wat ook kan helpen de SEO van uw website te verbeteren.

Gebruik sociale media om contact te maken met uw publiek en uw werk te promoten. Kies platforms die aansluiten bij uw doelgroep en fotografie-niche, zoals Instagram, Facebook, Pinterest of LinkedIn. Deel uw foto's regelmatig, ga in gesprek met uw volgers en gebruik hashtags om uw bereik te vergroten en nieuwe klanten aan te trekken.

Netwerk met andere professionals in uw branche en gemeenschap. Woon branche-evenementen bij, sluit je aan bij fotografie groepen en forums en werk samen met andere fotografen, modellen, stylisten en leveranciers. Het opbouwen van sterke relaties met collega-professionals kan leiden tot verwijzingen, samenwerkingen en nieuwe kansen voor uw bedrijf.

Bied incentives aan voor verwijzingen om tevreden klanten aan te moedigen uw diensten onder de aandacht te brengen. Overweeg kortingen, gratis geschenken of andere beloningen aan te bieden aan klanten die nieuwe klanten naar u doorverwijzen. Mond-tot-mondreclame is ongelooflijk krachtig en kan u helpen hoogwaardige klanten aan te trekken die eerder geneigd zijn aanbevelingen van vrienden of familie te vertrouwen.

Overweeg om samen te werken met lokale bedrijven of organisaties om een nieuw publiek te bereiken. Bied aan om uw werk tentoon te stellen in coffeeshops, boetieks of andere winkelruimtes, of samen te werken met lokale bedrijven aan speciale promoties of evenementen. Door partnerschappen op te bouwen met complementaire bedrijven kunt u nieuwe klanten bereiken en uw merk binnen uw gemeenschap versterken.

Lever ten slotte altijd uitzonderlijke klantenservice en overtref de verwachtingen van uw klanten. Tevreden klanten zullen u eerder aanbevelen aan anderen en zelf terugkerende klanten worden. Concentreer u op het opbouwen van positieve relaties met uw klanten, het leveren van werk van hoge kwaliteit en het bieden van een uitstekende ervaring van begin tot eind.

Samenvattend vereist marketing van jezelf als fotograaf een combinatie van online en offline strategieën, waaronder het bouwen van een professionele website, het inzetten van sociale media, netwerken met andere professionals, het aanbieden van incentives voor verwijzingen, samenwerken met lokale bedrijven en het leveren van uitzonderlijke klantenservice. Door uw unieke stijl en expertise onder de aandacht te brengen, sterke relaties met uw publiek op te bouwen en consequent werk van hoge kwaliteit te leveren, kunt u nieuwe klanten aantrekken en uw fotografie bedrijf laten groeien. Dus ga je gang, zet jezelf op de markt en breng je fotografie diensten met vertrouwen aan de wereld op de markt!

Een sterke online aanwezigheid opbouwen: website en sociale media

Oké, laten we eens praten over hoe je een geweldige online aanwezigheid kunt creëren die je fotografiebedrijf onder de aandacht brengt en potentiële klanten aantrekt. Uw website en aanwezigheid op sociale media zijn belangrijke componenten van uw online aanwezigheid, dus laten we eens kijken naar enkele losse spraaktips om ze te laten schitteren.

Ten eerste is uw website uw digitale etalage, dus zorg ervoor dat deze verzorgd, professioneel en gemakkelijk te navigeren is. Kies een strak en modern ontwerp dat uw beste werk benadrukt en uw merkidentiteit weerspiegelt. Presenteer uw portfolio prominent op uw startpagina en maak het gemakkelijk voor bezoekers om contact met u op te nemen of te informeren naar uw diensten.

Als het op sociale media aankomt, kies dan platforms die aansluiten bij uw doelgroep en fotografie-niche. Of het nu Instagram, Facebook, Pinterest of LinkedIn is, focus op de platforms waarop uw potentiële klanten het meest actief zijn. Deel uw foto's regelmatig, ga in gesprek met uw volgers en gebruik hashtags om uw zichtbaarheid te vergroten en nieuwe volgers aan te trekken.

Gebruik uw website en sociale mediaplatforms om uw verhaal te vertellen en uw persoonlijkheid te laten zien. Deel een kijkje achter de schermen van uw werk, persoonlijke anekdotes en inzichten in uw creatieve proces. Dit helpt uw merk menselijker te maken en verbindingen met uw publiek op te bouwen, waardoor de kans groter is dat zij u vertrouwen en uw diensten boeken.

Consistentie is essentieel als het gaat om het behouden van uw online aanwezigheid. Update uw website regelmatig met nieuwe foto's, blogposts of getuigenissen om deze fris en boeiend te houden. Post op dezelfde manier consistent op sociale media om top-of-mind te blijven bij uw publiek en hen betrokken te houden bij uw inhoud.

Communiceer met uw publiek op sociale media door snel te reageren op opmerkingen, berichten en vermeldingen. Communiceer met andere gebruikers door hun inhoud leuk te vinden, te becommentariëren en te delen, en werk samen met andere professionals in uw branche of gemeenschap om uw bereik te vergroten en nieuwe volgers aan te trekken.

Gebruik analyses en inzichten om uw websiteverkeer en sociale media prestaties bij te houden. Besteed aandacht aan welke soorten inhoud het meest resoneren met uw publiek en pas uw strategie dienovereenkomstig aan. Experimenteer met verschillende post tijden, inhoud formaten en hashtags om uw bereik en betrokkenheid te optimaliseren.

Vergeet ten slotte niet om uw expertise en autoriteit in uw vakgebied te laten zien. Deel tips, tutorials en inzichten met betrekking tot fotografie op uw website en sociale-mediaplatforms om uzelf te positioneren als een vertrouwde bron en opinieleider in uw niche.

Samenvattend vereist het opbouwen van een sterke online aanwezigheid een combinatie van een gepolijste website en actieve aanwezigheid op sociale media. Door uw beste werk te laten zien, uw verhaal te delen, in contact te komen met uw publiek en uw expertise te demonstreren, kunt u potentiële klanten aantrekken en uw fotografiebedrijf online laten groeien. Dus ga je gang, zet deze losse spraaktips in de praktijk en creëer een geweldige online aanwezigheid die je onderscheidt van de concurrentie!

Met gratie omgaan met afwijzing en kritiek

Oké, laten we het hebben over hoe je met evenwicht en professionaliteit om kunt gaan met afwijzing en kritiek in de wereld van fotografie. Het ontvangen van feedback, of deze nu negatief of constructief is, is een natuurlijk onderdeel van het creatieve proces, en leren hoe je er met gratie mee om kunt gaan is essentieel voor groei en veerkracht.

Ten eerste is het belangrijk om te onthouden dat afwijzing en kritiek geen persoonlijke aanvallen zijn. Het zijn eenvoudigweg kansen om te leren en te verbeteren. In plaats van kritiek persoonlijk op te vatten, probeer deze met een open geest en de bereidheid om te leren te benaderen. Houd er rekening mee dat ieders smaak en voorkeuren subjectief zijn, en dat niet iedereen uw werk zal waarderen of begrijpen – en dat is oké!

Wanneer u kritiek ontvangt, concentreer u dan op de constructieve feedback: de inzichten en suggesties die u kunnen helpen groeien en verbeteren als fotograaf. Luister aandachtig naar wat anderen over je werk te zeggen hebben en sta open voor andere perspectieven en ideeën. Bedenk hoe u deze feedback kunt gebruiken om uw vaardigheden te verfijnen, met nieuwe technieken te experimenteren of verschillende creatieve richtingen te verkennen.

Het is ook belangrijk om veerkracht en een positieve instelling te ontwikkelen als je met afwijzing of kritiek te maken krijgt. In plaats van stil te staan bij de negatieve aspecten, concentreer je je op de mogelijkheden voor groei en zelfverbetering die uit deze ervaringen voortkomen. Gebruik afwijzing en kritiek als motivatie om jezelf harder te pushen, aan je zwakke punten te werken en te streven naar uitmuntendheid in je vak.

Behoud professionaliteit en gratie in uw interacties met anderen, zelfs als u wordt afgewezen of bekritiseerd. Ga niet defensief of confronterend te werk en reageer in plaats daarvan met nederigheid, dankbaarheid en de bereidheid om te leren. Bedank de persoon voor zijn of haar feedback en laat hem of haar weten dat u zijn/haar inzichten op prijs stelt en dat u er in de toekomst rekening mee zult houden.

Onthoud dat afwijzing en kritiek niet het einde van de wereld zijn; het zijn slechts hobbels op de weg naar succes. Gebruik ze als kansen om te groeien, te leren en een betere fotograaf te worden. Blijf gefocust op uw doelen, geloof in uzelf en uw capaciteiten, en laat tegenslagen of negatieve feedback u er niet van weerhouden uw passie voor fotografie na te streven.

Samenvattend: met gratie omgaan met afwijzing en kritiek is essentieel voor de groei en veerkracht als fotograaf. Door feedback met een open geest te benaderen, je te concentreren op constructieve kritiek, een positieve instelling te behouden en met professionaliteit en gratie te reageren, kun je afwijzing en kritiek omzetten in kansen om te leren, te groeien en zelfverbetering. Dus ga je gang, omarm feedback met een open hart en laat het je voortstuwen op je fotografiereis!

Continu leren: workshops, cursussen en bronnen

Laten we eens kijken naar het belang van continu leren op het gebied van fotografie en hoe workshops, cursussen en andere bronnen u kunnen helpen uw vaardigheden aan te scherpen, geïnspireerd te blijven en op de hoogte te blijven van trends in de branche.

Ten eerste is investeren in workshops, cursussen en andere leermiddelen een fantastische manier om je kennis en expertise op het gebied van fotografie uit te breiden. Of je nu een beginner bent die de basisbeginselen onder de knie wil krijgen of een ervaren fotograaf die zijn vaardigheden wil verfijnen of nieuwe technieken wil ontdekken, er valt altijd iets nieuws te leren.

Workshops en cursussen bieden praktische leerervaringen onder leiding van ervaren instructeurs die waardevolle inzichten, feedback en begeleiding kunnen bieden. Ze bieden mogelijkheden om te leren van experts in het veld, contact te maken met collega-fotografen en praktische ervaring op te doen door middel van praktijkopdrachten en projecten.

Online cursussen en tutorials zijn de afgelopen jaren steeds populairder geworden en bieden drukke fotografen flexibiliteit en gemak. Platforms zoals Udemy, Skillshare en CreativeLive bieden een breed scala aan cursussen die alles omvatten, van de basisbeginselen van de camera tot geavanceerde bewerkingstechnieken, zodat u in uw eigen tempo en vanuit uw luie stoel kunt leren.

Naast formele workshops en cursussen zijn er ook tal van gratis bronnen online beschikbaar, waaronder artikelen, blogs, podcasts en YouTube-kanalen gewijd aan fotografie tips, tutorials en inspiratie. Profiteer van deze bronnen om op de hoogte te blijven van trends in de sector, nieuwe technieken te leren en creatieve ideeën voor uw eigen werk te ontdekken.

Vergeet niet de waarde van het leren van uw collega's en collega-fotografen. Door je aan te sluiten bij fotografie groepen en -gemeenschappen, zowel online als persoonlijk, kun je kennis delen, feedback uitwisselen en samenwerken aan projecten. Jezelf omringen met een ondersteunende gemeenschap van gelijkgestemde individuen kan ongelooflijk motiverend en verrijkend zijn voor je fotografiereis.

Vergeet ten slotte niet het belang van oefenen en experimenteren in uw leerproces. Pas de kennis en vaardigheden die u opdoet tijdens workshops, cursussen en hulpmiddelen toe op uw eigen fotografie projecten en -opdrachten. Experimenteer met verschillende technieken, onderwerpen en stijlen, en wees niet bang om de grenzen van je creativiteit te verleggen.

Kortom, continu leren is essentieel voor de groei en ontwikkeling als fotograaf. Door te investeren in workshops, cursussen en andere bronnen, deel te nemen aan online communities en experimenten en oefeningen te omarmen, kunt u uw vaardigheden aanscherpen, geïnspireerd blijven en op de hoogte blijven van trends in de branche. Dus ga je gang, grijp elke kans om te leren en te groeien, en zie hoe je fotografie vaardigheden en zelfvertrouwen stijgen!

Geïnspireerd blijven: andere kunstvormen verkennen

Laten we ons verdiepen in de wondere wereld van het vinden van inspiratie door andere kunstvormen buiten fotografie te verkennen. Door te putten uit verschillende creatieve disciplines kunt u uw fotografie voorzien van frisse ideeën, perspectieven en technieken, waardoor uw werk dynamisch en innovatief blijft.

Verdiep je eerst in de wereld van de beeldende kunst door kunstgalerijen, musea en tentoonstellingen te bezoeken. Ontdek verschillende genres, stijlen en stromingen, van klassieke schilderijen tot hedendaagse installaties. Besteed aandacht aan compositie-, kleur-, belichtings- en verteltechnieken die in verschillende kunstwerken worden gebruikt, en bedenk hoe je deze elementen in je eigen fotografie kunt verwerken.

Beperk jezelf niet tot beeldende kunst – verken andere creatieve media zoals muziek, literatuur, film, dans en theater. Elke kunstvorm biedt unieke inzichten en emoties die je fotografie op onverwachte manieren kunnen inspireren. Luister naar muziek die een bepaalde stemming of emotie oproept en vertaal deze via je fotografie naar visuele beelden. Lees boeken of poëzie die tot je verbeelding spreken en gebruik ze als inspiratie voor conceptuele fotoshoots. Bekijk films of uitvoeringen die je boeien en laat je inspireren door hun verteltechnieken en visuele esthetiek.

Experimenteer met interdisciplinaire samenwerkingen door samen te werken met kunstenaars uit andere disciplines. Werk samen met muzikanten, dansers, acteurs of schrijvers om multimedia projecten te creëren waarin fotografie wordt gecombineerd met andere kunstvormen. Samenwerken met kunstenaars met verschillende achtergronden kan nieuwe perspectieven, ideeën en creatieve energie in uw fotografie brengen, waardoor spannende mogelijkheden voor onderzoek en experiment ontstaan.

Neem een pauze van fotografie en doe mee aan praktische creatieve activiteiten zoals tekenen, schilderen, beeldhouwen of knutselen. Werken met je handen in verschillende media kan je creativiteit stimuleren en je helpen de wereld vanuit een nieuw perspectief te bekijken. Experimenteer met verschillende texturen, kleuren en materialen en neem elementen van deze tastbare ervaringen op in uw fotografie om diepte en dimensie aan uw afbeeldingen toe te voegen.

Omarm ten slotte de schoonheid van de natuur en de wereld om je heen als inspiratiebron. Maak wandelingen in de natuur, observeer de veranderende seizoenen en geniet van de bezienswaardigheden, geluiden en geuren van de natuurlijke wereld. Gebruik uw camera als hulpmiddel voor verkenning en ontdekking, waarbij u de schoonheid en het wonder van de wereld op uw eigen unieke manier vastlegt.

Samenvattend: inspiratie vinden in andere kunstvormen is een krachtige manier om je creativiteit aan te wakkeren en je fotografie fris en spannend te houden. Door beeldende kunst, muziek, literatuur, film, dans, theater en praktische creatieve activiteiten te verkennen, kun je je artistieke horizon verbreden, nieuwe ideeën en technieken ontdekken en je fotografie diepte, emotie en betekenis geven. Dus ga je gang, ontdek, experimenteer en laat de schoonheid van kunst je fotografiereis inspireren!

Je uitrusting onderhouden: tips voor schoonmaken en opbergen

Laten we eens kijken naar enkele essentiële tips om uw fotografie uitrusting in topconditie te houden, zodat deze jarenlang op zijn best kan blijven presteren.

Ten eerste is regelmatig schoonmaken essentieel om te voorkomen dat stof, vuil en vuil zich ophopen op uw uitrusting. Gebruik een zachte borstel of een blaasbalgje om stof en vuil van de camerabody, lenzen en andere apparatuur te verwijderen. Wees voorzichtig bij het reinigen van kwetsbare onderdelen, zoals de sensor of lenselementen, om krassen of beschadigingen te voorkomen.

Voor hardnekkiger vuil of vlekken gebruikt u een microvezeldoek die licht is bevochtigd met lens reinigingsoplossing of isopropylalcohol. Vermijd het gebruik van agressieve chemicaliën of schurende materialen, omdat deze de delicate coatings op uw lenzen en camera behuizing kunnen beschadigen.

Vergeet ook niet om uw cameratas of koffer regelmatig schoon te maken. Stof en vuil kunnen zich in uw tas ophopen en op uw spullen terechtkomen. Maak de tas dus regelmatig leeg en veeg de binnenkant af met een vochtige doek.

Wanneer u uw spullen opbergt, kies dan een schone, droge en goed geventileerde ruimte, uit de buurt van direct zonlicht en extreme temperaturen. Overweeg om te investeren in een speciale camerakast, tas of opbergdoos om uw spullen georganiseerd en beschermd te houden wanneer u ze niet gebruikt.

Bewaar uw lenzen en camerabody's met de lensdoppen en body doppen erop om ze te beschermen tegen stof en vocht. Als u meerdere lenzen heeft, bewaar ze dan rechtop of op hun zijkant om te voorkomen dat ze rond rollen en mogelijk beschadigd raken.

Investeer in lens- en camera body doppen, zonnekappen en beschermende filters om een extra beschermingslaag voor uw uitrusting te bieden wanneer deze niet in gebruik is. Deze accessoires kunnen krassen, deuken en andere schade helpen voorkomen die kunnen optreden tijdens transport of opslag.

Overweeg het gebruik van silica gel pakketten of luchtontvochtigers in uw cameratas of opslagruimte om het vocht onder controle te houden en schimmel- of meeldauw groei te voorkomen. Vervang de silica gel pakketten regelmatig of laad ze indien nodig op om hun doeltreffendheid te behouden.

Tenslotte mag u het regelmatige onderhoud van uw uitrusting niet verwaarlozen. Plan routinematige controles en schoonmaakbeurten met een professionele camera technicus om ervoor te zorgen dat uw apparatuur naar behoren functioneert en om eventuele problemen aan te pakken voordat deze escaleren.

Samenvattend: het onderhoud van uw fotografie uitrusting vereist regelmatige reiniging, goede opslag en af en toe onderhoud. Door deze tips op te volgen en ze in uw routine op te nemen, kunt u uw uitrusting in topconditie houden en ervoor zorgen dat deze jarenlang op zijn best blijft presteren. Dus ga je gang, toon wat liefde voor je uitrusting, en het zal je keer op keer belonen met prachtige afbeeldingen!

Omgaan met burn-out en creatieve blokkades

Laten we een aantal strategieën verkennen om burn-out en creatieve blokkades te overwinnen, zodat u uw passie voor fotografie weer kunt aanwakkeren en weer fantastisch werk kunt maken.

Ten eerste is het belangrijk om de tekenen van een burn-out te herkennen en jezelf toestemming te geven om een pauze te nemen wanneer dat nodig is. Luister naar je lichaam en geest. Als je je uitgeput, overweldigd of ongeïnspireerd voelt, is het prima om een stapje terug te doen en je batterijen op te laden.

Neem de tijd voor zelfzorg- en ontspanningsactiviteiten die u helpen ontspannen en ontstressen. Of het nu gaat om een wandeling in de natuur, het beoefenen van mindfulness of meditatie, het lezen van een boek of het doorbrengen van tijd met dierbaren: geef prioriteit aan activiteiten die u vreugde brengen en uw geest verjongen.

Probeer de grondoorzaken van uw burn-out te identificeren en deze proactief aan te pakken. Neemt u te veel werk op u? Verwaarloost u uw lichamelijke of geestelijke gezondheid? Voelt u zich creatief stagnerend of ongeïnspireerd? Zodra u begrijpt wat bijdraagt aan uw burn-out, kunt u stappen ondernemen om positieve veranderingen aan te brengen en de balans in uw leven te herwinnen.

Experimenteer met nieuwe technieken, onderwerpen of stijlen om creatieve sleur te doorbreken en inspiratie op te doen. Daag jezelf uit om iets anders te proberen en verder te gaan dan je comfortzone. Volg een fotografie workshop, verken een nieuwe locatie of werk samen met andere kunstenaars om nieuwe energie in je werk te injecteren.

Creëer een ondersteunende en voedende omgeving waarin uw creativiteit kan gedijen. Omring jezelf met positieve invloeden, of het nu collega-fotografen, mentoren of vrienden zijn die jouw creatieve reis begrijpen en waarderen. Deel uw worstelingen en ervaringen met anderen en zoek steun en aanmoediging wanneer dat nodig is.

Oefen zelf compassie en geduld met jezelf in tijden van creatieve blokkade. Vergeet niet dat creativiteit ebt en vloeit, en dat het oké is om periodes van lage inspiratie of productiviteit te hebben. Wees lief voor jezelf en vertrouw erop dat jouw creatieve vonk te zijner tijd terugkeert.

Stel realistische doelen en verwachtingen voor uzelf en verdeel grotere projecten in kleinere, beheersbare taken. Vier kleine overwinningen en vooruitgang onderweg, en wees niet te streng voor jezelf als de dingen niet gaan zoals gepland. Vergeet niet dat elke tegenslag een kans is om te groeien en te leren.

Ten slotte: wees niet bang om professionele hulp te zoeken als u kampt met een burn-out of geestelijke gezondheidsproblemen. Praat met een therapeut of hulpverlener die begeleiding en ondersteuning kan bieden die is afgestemd op uw behoeften. Onthoud dat het oké is om om hulp te vragen wanneer je die nodig hebt, en dat het zorgen voor je geestelijke gezondheid essentieel is voor je algehele welzijn.

Samenvattend vereist het overwinnen van burn-out en creatieve blokkades zelfbewustzijn, zelfzorg en de bereidheid om nieuwe ideeën en benaderingen te verkennen. Door de tijd te nemen om uit te rusten en op te laden, te experimenteren met nieuwe technieken, steun te zoeken bij anderen en zelfcompassie te oefenen, kun je je passie voor fotografie weer aanwakkeren en de vreugde van het creëren herontdekken. Dus ga je gang, omarm de reis en vertrouw erop dat je creativiteit weer tot bloei zal komen!

Vier uw vooruitgang en prestaties

Laten we even de tijd nemen om uw vooruitgang en prestaties als fotograaf te erkennen en te vieren. Of je nu net aan je reis begint of je vak al jaren aan het aanscherpen bent, het is belangrijk om de mijlpalen en successen onderweg te erkennen en te vieren.

Neem eerst de tijd om na te denken over hoe ver je bent gekomen sinds je voor het eerst een camera vastpakte. Vier de vaardigheden die je hebt ontwikkeld, de uitdagingen die je hebt overwonnen en de groei die je als fotograaf hebt ervaren. Erken de toewijding, passie en het harde werk dat je hebt geïnvesteerd in het nastreven van je creatieve visie.

Vier je prestaties, hoe groot of klein ook. Of het nu gaat om het vastleggen van een adembenemend landschap, het maken van een uitdagende fotoshoot of het ontvangen van erkenning voor je werk, wees trots op je prestaties en de moeite die je hebt gedaan om deze te bereiken. Vier het met vrienden, familie of collega-fotografen die kunnen delen in jouw vreugde en opwinding.

Vergeet niet de reis zelf te vieren: de momenten van inspiratie, de geleerde lessen en de herinneringen die onderweg zijn gemaakt. Fotografie gaat over meer dan alleen de uiteindelijke beelden; het gaat over de ervaringen, verbindingen en verhalen erachter. Neem de tijd om te genieten van het proces van het maken en delen van uw werk met anderen.

Maak tijd vrij om een visueel verslag te maken van uw voortgang en prestaties. Creëer een portfolio of galerij met uw beste werk, online of gedrukt, waarin u laat zien hoe uw vaardigheden en stijl in de loop van de tijd zijn geëvolueerd. Gebruik dit als een herinnering aan hoeveel je hebt bereikt en als motivatie om jezelf verder te pushen.

Vier ook de successen van anderen in de fotografie gemeenschap. Deel uw bewondering en steun voor collega-fotografen die u inspireren, door hun werk leuk te vinden, te becommentariëren of te delen op sociale media, of door hun tentoonstellingen of evenementen bij te wonen. Het opbouwen van een ondersteunende en samenwerkende gemeenschap kan uw eigen succes vergroten en meer vreugde en voldoening geven aan uw fotografiereis.

Vergeet ten slotte niet om de momenten van vreugde, verwondering en schoonheid te vieren die fotografie in je leven brengt. Of u nu een vluchtig moment van natuurlijke schoonheid vastlegt, uw creativiteit uitdrukt via uw werk, of verbinding maakt met anderen via uw afbeeldingen: neem de tijd om de magie van fotografie en de vreugde die het in uw leven brengt te waarderen.

Samenvattend is het vieren van je voortgang en prestaties als fotograaf een belangrijk onderdeel van het gemotiveerd, geïnspireerd en voldaan blijven op je creatieve reis. Door de tijd te nemen om na te denken over hoe ver je bent gekomen, je prestaties te erkennen en je vreugde met anderen te delen, kun je een gevoel van trots, dankbaarheid en voldoening cultiveren in je fotografie praktijk. Dus ga je gang, vier je successen en blijf ernaar streven nieuwe hoogten te bereiken tijdens je fotografiereis!

www.ingramcontent.com/pod-product-compliance
Lightning Source LLC
Chambersburg PA
CBHW050233230526
45470CB00005B/1931